カウンセラーのための

クライアントを集める仕組みづくり

カウンセラー・コーチ・セラピストが
人を集めるには仕組みがあった！

今泉 智樹＝著

同文舘出版

まえがき

カウンセラーになって、悩みを抱える人の役に立ちたい。そう思ってカウンセラーになったけれど、まったくお客さんが集まらない。私は、脱サラしてカウンセラーになった当初、そんな状況に陥りました。その時の私は、「まだカウンセリングのスキルが足りないから、お客さんが来ないんだ」と考え、さまざまな心理カウンセラー養成講座に通いました。しかし、どんなに学んでもお客さんは来ませんでした。

その頃の私がどうやってお客様を集めていたかというと、当時流行っていたアメブロを毎日書いていました。そして、流行りはじめたフェイスブックも頑張っていました。とにかく、お客さんを集めるために自分で考えられることをすべてしていたのです。でも、全然お客さんは来ませんでした。

当時、博多にサロンを借りていましたが、その家賃すら稼げないような状況で、生きていくために借金ばかりが膨らんでいきました。何をやってもうまくいかない私は、「もう、自分じゃダメなんだ」と完全に自信をなくしていました。しかし、二人の子供と私を信じて脱サラすることを許してくれた妻を、裏切るわけにはいきません。私には、「あきらめる」という選択肢はなかったのです。

そんな時、あるコンサルタントの方との出会いがありました。今の状況を話し、「自分じゃダメなんじゃないか」、そんな弱音を吐いたとき、「無名の人間が集客するって、すごく難しいんだよ。ビジネスを始めた時は、みんなどこから初めていいのかわからない。それが当たり前なんだ。でも、そこには基本の構造があるんだ」と教えてくれたのです。

そう聞いた時、私はものすごくホッとしました。そして、その基本の構造を教えていただいたのです。そこから、私は教えていただいたことを、ただただ必死にやってきました。すると、本当にお客さんが来てくれるようになっていったのです。

今、私は、カウンセリングやコーチングをやっている人に、どうやって集客すればいいのか、アドバイスさせていただいていますが、ほとんどの方がこの基本の構造を理解しないまま、当時の私と同じように、必死に頑張っておられるのです。本書では、私が教わった、ビジネスを進めるための基本の構造について書かせていただきました。

あなたがカウンセラーやコーチとして活動をスタートさせたということは、まだ見ぬあなたを待っている人に、「私はここにいますよ」と伝えていくことが本当のマーケティングなのです。本書を読み終えた時、あなたは大きな成果へと動き始めるはずです。ぜひ、最後までお読みください。

カウンセラーのための　クライアントを集める仕組みづくり◎目次

カウンセラーのための クライアントを集める仕組みづくり◎目次

まえがき

1章 なぜ、カウンセリングやコーチングは売れないのか？

1 日本のカウンセリング、コーチングの現状 10
2 売れないカウンセラーが陥るネガティブパターン 16
3 カウンセリングやコーチングを売ってはいけない 21
4 売れるカウンセラー、コーチになるためのポイントとは？ 24

2章 お客様が集まる集客の仕組みとは？

1 あなたに見込み客は何人いますか？ 30
2 見込み客って何だろう？ 34
3 見込み客の定義とは？ 39
4 見込み客を集めるために必要な二つのツールとは？ 43
5 ステップメールとメルマガの連携で理想のお客さんを育てよう 47
6 集客の仕組みの全体像 53

3章 自然とお客さんが集まる集客の仕組みの作り方

1 無料カウンセリングは絶対にするな！ 62
2 無料から有料へと導く魔法のツール「無料相談」 67

3 本当の悩みの原因を見つけ出す「無料相談」 72
4 有料の一回客に向けた商品を作る 79
5 有料の一回客に向けた商品の価格設定のポイント 83
6 お客さんにリピート商品を売る方法 89

4章 心のブレーキを解除し、高額商品を作ろう！

1 高額商品を販売するときに現われる二つの壁とは？ 96
2 高額商品を販売する方法（たった一言で売れる高額商品） 99
3 集客の二つの壁を乗り越える方法 102
4 売れるカウンセラー・コーチになることを阻むもう一人の自分 105
5 成功をさまたげる二つのメンタルブロックとは？ 110
6 集客・マーケティングのメンタルブロックを解除せよ 115
7 お金のメンタルブロックには二つの種類がある 120

8 お金をもらう時に感じるメンタルブロックを解除せよ 124

5章 集客の第一歩！ まずは「情報発信」にチャレンジしよう

1 情報発信は何のために行なうのか？ まずはブログを始めよう 130
2 ブログづくりの第一歩 ポジショニングを設定せよ！ 135
3 あなたにしかできない「ポジショニング」の見つけ方 139
4 経験をもとにポジショニングを作った事例 145
5 経験をもとにポジショニングを作った事例（その2） 149
6 もうひとつのポジショニング設定方法 155
7 得意を活かしてポジショニングを作る方法（事例その2） 162
8 プロフィール作って情報発信をスタートしよう 167
9 たくさん「いいね」をもらうために必要なこと 173

6章

カウンセラー集客を成功へと導くカウンセラーマインドの作り方

1 カウンセリングビジネスの五つのステージ 178
2 起業ゼロ期、初期のカウンセリングビジネスの進め方 183
3 まずは副業カウンセラーから始めてみよう 187
4 カウンセラー・コーチに必要な本当の集客術 192
5 最後に 196

装丁・DTP 春日井 恵実

1章

なぜ、カウンセリングやコーチングは売れないのか？

1 日本のカウンセリング、コーチングの現状

突然ですが、あなたはカウンセリングを受けたことがありますか？　コーチングを受けたことがありますか？　この本を手に取っていただいたあなたなら、きっとカウンセリングやコーチングを受けた経験があることでしょう。でも、カウンセリングやコーチングを受けた経験があるという人は、実はまだ多くはいません。ほとんどの人が、カウンセリングやコーチングなんて自分とは関係ない。そんな世界で生きています。

実は、そう言う私も、昔はカウンセリングなんてまったく興味がありませんでした。自分には関係のない世界だ。そう思って生きていたのです。しかし、ある日、私はパニック障害という発作に襲われます。

それは、就職して一年ほど経ったある日のことでした。高速道路を運転している時、私の中にふと、「今、どうかなったらどうしようかな？」そんな思いが浮かんできました。「今、どうかなったら」とは、高速道路を走っている今、もし具合でも悪くなったら……そう思ったのです。

すると、次の瞬間、突然ドキドキし始めました。「えっ、何これ？」そして、そのドキドキがどんどん大きくなる。「ちょっと待って、ちょっと待って……」すると、今度は、手の

ひらから汗が噴き出してきました。「えっ、どういうこと？　何これ」最後は、スーっと血の気が引く感じがしました。「もうダメだ……」

しかし、たまたまその時、サービスエリアの入口が見えてきました。そして、何とかそこに逃げ込み、車を止めることができたのです。

「何これ？」「どういうこと？」初めて襲ってきた発作。私は何のことだかわからず、ただ呆然とするばかりでした。その日は、一緒に乗っていた友人に車を運転してもらい、難を逃れることができたのです。

「いったい何だったんだ？」――それ以来、私は高速道路に乗るのが怖くなりました。「またなったらどうしよう」今度は、そんな恐怖が私を襲います。

でも、当時の私は、このことを誰にも話せませんでした。なぜなら、この発作は高速道路に乗らなければ起きることはないのです。そして、高速道路で起きたとしても、高速道路を降りると、そのパニックは治まります。この現実を見て、私の中で「これは明らかに精神的なものである」と認識できたのです。

私は、その現実を受け止めることができませんでした。高校、大学と体育会のラグビー部に所属し、ずっと鍛えてきた私。自分自身、精神的には強い人間である、と思って生きてきたのです。精神力は誰にも負けない、そう思っていたのです。しかし、その私が精神的な病に襲われている。そんな現実を受け入れられない。当時の私は、「絶対に気合で治してやる」と思っていました。

でも、気合を入れれば入れるほど、がんばればがんばるほど、出てくるのがパニック障害だったのです。

その後、その症状は治るどころか、高速道路だけでなく、さまざまなところで私を襲うようになってきました。たとえば当時、よく友人の結婚式に呼ばれました。私たちの時代の結婚式は、だいたい仲人さんの長い話が最初にありました。その間、ずっと黙って聞いていないといけない。そんなとき、ふとまた怖くなるのです。「今、なったらどうしよう」――そんな思いが私を襲います。

つまり、黙っていなければならない。そんな状況になると、この「今なったら……」が襲ってくるのです。この思いが出てくると、私の心臓は高速道路に乗っているときと同じように、ドキドキし始めるのです。当時、結婚式もそうですが、お通夜やお葬式など、とにかく、じっとしていなければならない場所が、私はものすごく苦手でした。

どんどん酷くなるその症状。高速道路だけでなく、長いトンネルや高い橋。いろいろなところの運転が怖くなります。満員電車や特急電車など、動けなくなったり、当分降りられない。そんな場面でも、私の心臓は高鳴りました。

でも、このことは誰にも言えません。「もし、このことが会社にバレたらどうなるだろう?」「友人にバレたら何と言われるだろう?」「あいつ頭がおかしくなったらしいぜ」——そのように言われそうで、怖くて怖くて……。

実はこの後、私のこの状態は十年ほど続きました。誰にも言わず、私は一人耐え続けたのです。しかし、時間が経っても全然治る気配はありません。逆にどんどん酷くなり、自分の行動範囲がどんどん狭くなっていきました。

病院に行きたいけれど、病院に行ったら会社にバレてしまう。カウンセリングを受けてみたいけれど、そんなことして万が一見つかったら……本当に苦しかったです。

でも、もう本当にもうダメ。何とかしなければ……そう思っていたある日、私は新聞を読んでいました。するとそこに大きく一面広告で、「心理カウンセラー養成講座　無料体験会参加者募集」という文字を見つけたのです。その瞬間、私は「これだ!」と思いました。

カウンセリングを受けて、それがバレてしまったら困るけれど、カウンセラーの勉強をするとなれば、もし、会社に見つかったとしても、「勉強のために学んでいる」と言えば、誰も変には思わないだろうし、そして、この講座に参加すれば、私自身もいつかカウンセリングを受けることができるのではないだろうか。

そんなきっかけで出会ったカウンセリング。講座に通い始めると、私は一瞬で心理学の魅力にはまりました。こんな世界があったんだ、と。

そして実際、カウンセリングを受けることもできたのです。

でも、正直に言うと、カウンセリングを受けたからといって、すぐに私のパニック障害が治ることはありませんでした。しかし、心理学を学び、カウンセリングを受けて、少しずつ私の心の中にあった棘が抜けていきました。そして、そんなある日、私が最も尊敬するカウンセラーの先生に、「今泉さんなら、ヒプノセラピーを受けてみたらいいんじゃないかな」と言われたのです。

「ヒプノセラピー？」何それ？　くわしく聞くと、それは日本語では「催眠療法」と言われるものでした。「催眠」と聞いた瞬間、私は何だか怪しい、と思ったのです。

しかし、当時の私は、どんなに怪しくてもいいと思いました。もし、このパニックが治るのであれば、催眠だろうと、滝行だろうと……、魔法だろうと……何だっていい。とにかく、このパニックを治したい、という一心でした。

そして、受けたヒプノセラピー。私は、何とたった一回のセッションで、そのパニック障害を克服することができたのです。

それから、私はすぐにそのヒプノセラピーを学ぶことを決心しました。そして、カウンセラーとして生きることを決断したのです。

あれからもう十年以上経ちました。今、私は心理カウンセラーとして、いろいろな人の悩みを聞いています。しかし、正直に言うと、カウンセラーとして活動しようと思い、思い切って銀行を退職しましたが、それから本当にたいへんな時期が私を待っていました。

私と同じように苦しんでいる人を助けたい。そう思って進み始めたカウンセラーの道でしたが、思い返すと、私自身、あれだけ苦しかったのに、カウンセリングを受けるまでに相当な時間が必要でした。なぜなら、カウンセリングなんか受けていることがバレたら、周りから「頭がおかしくなった」と思われると思っていたからです。

カウンセリングをする側に回った私は、「カウンセリングはすごいんだ」「私自身、たった一回のセッションで悩みを克服できたんだ」と伝えて回ったのですが、そんな言葉は、誰も聞いてくれなかったのです。

私が、カウンセリングを受けるのに抵抗があったように、周りの人々もカウンセリングに対して大きな抵抗があったのです。

カウンセリングを学んだ私は、カウンセリングは精神的に参ってしまってから受けるものではなく、自分のメンテナンスのために普通の人が受けるものである、と思っていますが、カウンセリングなんて関係ない、そう思って生きているほとんどの人が、「カウンセリングは病んだ人が受けるもの」と強く思っているのです。

2 売れないカウンセラーが陥るネガティブパターン

ここで、ちょっと思い出してみてください。あなたは幼い頃、歯が痛くなったことがありますか？

もしあったら、そんなあなたを見て、あなたの親はあなたに何と声をかけてくれましたか？あなたは幼い頃、熱を出したことがありますか？　もしあれば、お母さんは、そんなあなたに何と言ってくれましたか？

きっと、歯が痛いと言えば、「歯医者に行ってきなさい」熱が出たと言えば、「病院に行ってきなさい」と言ってくれたと思います。でも、いかがでしょうか？　あなたは幼い頃に、「じゃあ、カウンセリングを受けてきなさい」と言われたことがありますか？　これも、きっと答えは「ノー」ではないでしょうか？

ほとんどの人が、そんなことを言われたことがないと思います。つまり、私たちが住む日本には、もともとカウンセリングを受けるという文化がないのです。受けたらよいとわかっていても、そもそもそんな文化がないから、逆にネガティブなイメージができあがってしまっているのです。

島国日本。小さな国に住む私たち日本人は、みんなで協力し合うことを大切にしてきました。
小学校の時に学んだ聖徳太子の十七条の憲法を覚えていますか。「一に曰《いわ》く、和をもって貴《とうと》しとし、忤《さから》うことなきを宗《むね》とせよ」

お互いの心が和らいで協力することが貴いのであって、むやみに反抗することのないようにせよ、という意味だそうです。私たち日本人のアイデンティティには、こうして社会性を重視する心が、もともと備わっているのです。

震災が起こった時、食料などを奪い合うこともなく、きちんと整列して待つ日本人の姿は、世界中から称賛されました。私も、そんな日本人であることを誇りに思いました。でも、逆にこの社会性を重視する心が、「みんなと同じようにしていなければ恥ずかしい」という思いを作ってしまっているのです。みんなと同じようにしていなければならない世界では、やはり「自分が精神的に弱っています」とは言い出しにくいでしょう。だから、カウンセリングがなかなか普及していかないのです。

私がカウンセラーとして起業しようと考えた時、そんなことはまったく考えませんでした。ただただ自分が受けてよかったから、単純にそれを広めていきたい。そう思ったのです。

でも、やはりカウンセリングを受けてもらうことはそんなに簡単なことではありませんでした。お客さんが一人も来ない。そんな日々が続きました。

そこで、私が最初に考えたのは、もっとスキルを磨くことでした。今の自分のヒプノセラピー（催眠療法）ではまだお客さんは来てくれない。だから、もっと勉強しないと……。そこから私は、いろいろな心理カウンセラー養成講座やセミナーを受けました。

ＮＬＰ、交流分析、ゲシュタルト療法、論理療法、音楽療法、再決断療法。アメリカの催眠療法がよいと言われると、アメリカの協会が発行する資格も取得しました。しかし、どんな資格を取っても、名刺やホームページに持っている資格をいっぱい書いてみても、全然お客さんは増えていきませんでした。

「サラリーマンを辞めてカウンセラーになるんだ」と、意気揚々と銀行を退職した私でしたが、お客さんがまったく集まらない状況に、何度「辞めなきゃよかった」と後悔したことか……。

でも、どんなに後悔してももう元には戻れない。前に進んでいくしかありませんでした。

先ほども書きましたが、私はヒプノセラピーという心理療法を専門にカウンセリングを行なっています。でも、いかがでしょうか、「催眠療法」と聞いてあなたはどんなイメージを持たれるでしょうか？　前にも書きましたが、私は初めて催眠療法と聞いた時、「何だか怪しい」そう思いました。だから、ひょっとすると、このお客さんが来ない状況は、このヒプノセラピーをやっていることが大きな要因なのではないだろうか？　その後、そう考えるようになったのです。

そんな時、フェイスブックを見ていると、コーチングをやっている友達がコーチングの講座の募集をしていました。そして、しばらくすると、その友人のフェイスブックに「満員御礼」という文字が出たのです。

私のカウンセリングにはまったく人は集まらないけれど、友人がやっているコーチングにはたくさんの人が集まっている。それを見ていた私は、コーチングをやれば人が集まってくるのではないだろうか？　そう考えるようになりました。

「そもそも、ヒプノセラピーなんて怪しいことをやっていても、人は来ないで当たり前だよな。やっぱり稼ぐ系のコーチングのほうがよさそうだ」そう思った私は、今度はコーチングの勉強を始めました。わざわざ福岡から東京まで通ってコーチングを学びに行く。でも、当時の私はこのコーチングさえできるようになれば、絶対に元は取れる。そう思っていました。だから、すごく楽しかった。そして、私は念願のコーチングの資格も取得しました。そして、すぐに私はセミナーの募集を開始したのです。

今度こそ人が集まってくれるに違いない。そう信じて企画したコーチングのセミナー。しかし、結果は惨憺たるものでした。まったく人が集まらない。

なぜ、こんなことが起こるのか？　もうコーチングは古いのだろうか？　今、また流行が変わり、次の売れるものが出てきたのだろうか？　私はそれから、売れる商品を探していろいろな講座やセミナーに参加しました。でも、どんな資格を取っても、やっぱりお客さんは来てくれない。そんな状況に私は、「俺じゃ、ダメなのだろうか？」そう考えるようになりました。

いろいろな人の講座やセミナーが満席になっている。でも、私のところには誰も来てくれない。何をやってもうまくいかない。私には無理だったのだろうか？

さあ、ここまで読んでみて、あなたはどう思いますか？　ひょっとすると「わかる〜」と思いませんでしたか？

今、私はカウンセラーを専門に、集客の方法を教えるお仕事もしています。その中で、たくさんのカウンセラーとお話しさせてもらうのですが、名刺を交換すると、私と同じように名刺からはみ出すのではないか、というくらいたくさんの資格を書かれている名刺を拝見することがよくあります。

つまり、多くの人が私と同じように、お客さんを集めるためにスキルアップを図り、売れる商品を探しているのです。

まさにこれこそが、売れないカウンセラーの陥るネガティブなパターン。

自分のカウンセリング技術に自信が持てず、お客さんを集められない。だから、もっとスキルを磨きたい、とさらにお金を払って上級コースに進んでいく。でも、どんなにその上を学んだところで、お客さんを取って実践していないわけですから、カウンセリングのスキル自体はそう上達しません。でも、勉強してもお客さんが来ない状況に、今自分がやっていることでは、お客さんを集めることは無理だ。そう考え始める。

そして、売れるパッケージを探し出すのです。カウンセリングがダメなら、占いを勉強してみようかな……、やっぱりカラーを学んだほうがよいのかも……、今は、アロマセラピーが人気だから……そうやって、いろいろなことを学んでいく。でも、どの資格を取ってもお客さんが来るようにはならない。

そもそも、どんなに勉強したところで実践なしにスキルアップすることはありません。

そもそも、この世の中に、これをやれば売れる、というパッケージなんて存在しません。

3 カウンセリングやコーチングを売ってはいけない

どんなに勉強しても、カウンセリングを売ることはできない。

では、これからカウンセリングを始めようとしている人はどうすればいいのでしょうか？

そもそもカウンセラーでは稼ぐことができないのでしょうか？

実はそうではありません。ヒプノセラピー（催眠療法）は怪しい。だから、違うことをしようと考えた私。でも、その私は、ヒプノセラピーの一種である前世療法（自分で自分の前世を見る催眠療法）の資格を取るために、アメリカにまで行き勉強しました。見る人が見たら、それこそ怪しいと思われる前世療法。その勉強のために、わざわざアメリカにまで行ったのです。

つまり、それをどんなに怪しいと思う人がいたとしても、私のようにそれを学びたい、そう思う人はいるのです。

これを読んでいただいているあなたもひょっとすると今、当時の私と同じようになかなか売れない現実に苦しんでおられるかもしれません。でも、そんなあなたの周りにも売れているカウンセラー、コーチの方はいるはずです。

売れるカウンセラーと売れないカウンセラー。いったい何が違うのでしょうか？　実は売れるカウンセラーと売れないカウンセラーには大きな一つの違いが存在します。それは何なのか？

それをお伝えする前に、一つ前提として知っておいていただきたいことがあります。

それは、「カウンセリングやコーチングを売ってはいけない」ということです。

売れるカウンセラー、コーチはみんな、カウンセリングやコーチングを売っていません。

売れるカウンセラーなのに、売らないとはどういうこと？　と思われるかもしれませんが、私はカウンセリングを始めた当初、私自身がヒプノセラピーを受けたことでパニック障害を克服できた経験を一つのネタに「ヒプノセラピーって本当にすごいんだ」と必死で伝えていきました。「だから、あなたの悩みもこれで解決できるんです」という感じです。

しかし、全然売れなかった。なぜ売れなかったのか？

お客さんが来てくれるようになった今なら、その理由がわかります。なぜ、当時の私が売れなかったのか？　その答えはたった一つ。

「誰もヒプノセラピーを受けたいと思っていないから」

誰もヒプノセラピーを受けたいと思っていない。これは、ヒプノセラピーに限らず、どんなカウンセリングでも同じです。そもそも、誰もカウンセリングを受けたいとは思っていないのです。でも、今、私のところにヒプノセラピーを受けに来られる方はたくさんいます。いると言ったり、いないと言ったり……ちょっとわかりにくいかもしれませんが、今、私のところにヒプノセラピーを受けに来ていただく人たちを見ていると、わかるのですが、もちろん、その方達はみんな解決したい悩みを抱えておられます。だから、私のところに来ていただいているのです。ということは、(ここが大切なところです) 私のところに来るクライアントはみんな、自分の悩みを解決したいと思っているのです。つまり私のヒプノセラピーを受けたいわけではない。

私がヒプノセラピーに出会った時、私はとにかくパニック障害を克服したかった。その方法は正直、何でもよかったのです。それこそ、前にも書いたように、ヒプノセラピーでも滝行でも、何かの魔法でも……とにかく、私はパニック障害を克服したかった。

なのに、カウンセリングを始めた頃の私は、先ほども述べた通り、ヒプノセラピーを必死で売っていたのです。誰も受けたいなんて思っていないヒプノセラピーを。

売れないカウンセラーと売れるカウンセラーの大きな違い。それは、売れないカウンセラーは自分のカウンセリングを売ろうと必死です。でも、売れているカウンセラーはそんなことはしません。ただただ、「あなたの悩みを私は解決できます」とクライアント目線で自分のカウンセリングを受けるとどんな結果になるのか、それを伝えているのです。

カウンセリングやコーチングをやっている人の多くが、ブログやホームページをお持ちです。それらを見ていると、ほとんどが、自分のやっているカウンセリングやコーチングについての説明をしています。もちろん、説明も必要でしょうが、でも、それだけでは、本当に必要としているお客さんに、あなたの声が届かない。さあ、あなたは誰のどんな悩みを解決できますか?

4 売れるカウンセラー、コーチになるためのポイントとは?

カウンセラーやコーチを見て、その人が売れているか・いないかは、実は、たった一つ確認するだけでわかります。売れるカウンセラー・コーチになるためのポイントはたった一つ。

この本では、そのポイントをこれから説明していきますが、実は、そのポイントを押さえるために必要なポイントがもう一つあるのです。それは何かと言うと、先ほども書きましたが、売れるカウンセラー・コーチは「あなたの悩みを私は解決できます」と、自分のカウンセリングやコーチングを受けるとどうなるのか、それをきちんと伝えている、ということです。

だから、まずは、自分に何ができるか、それを明確にしてみてください。

先ほども書いたように、世の中の人は誰もカウンセリングやコーチングを受けたいとは思っていないのです。でも、カウンセリングやコーチングを受ける人はいる。では、その人はどうやってカウンセリング等を受けることになったのでしょうか、ひとつ例をあげてご説明してみましょう。

たとえばある日、自分の子供が突然学校に行けなくなった。そんな状況をイメージしてください。あなたならどうしますか？

きっと、お子さんに、「どうしたのか？」「何があったのか？」と、いろいろ聞いてみると思います。でも、聞いても何も教えてくれない。あせったあなたは、学校の先生に相談したり、自分の友人にどうすればいいのか聞いてみたり……きっと、いろいろなことをされるでしょう。そして、インターネットで「不登校」と検索してみる。いろいろなサイトが見つかります。

その中で、「子供が不登校になった時の対処法」というタイトルの記事があった。それを見つけたあなたは、そのサイトを開き、内容を確認します。すると、そこには、いろいろな方法が書いてあった。なるほどなるほど……あなたはその記事を読みながら、自分がこれからどうすればいいのか、何となくイメージが湧いてくる。そして、そのホームページをよく見ると、その記事だけでなく、不登校についてのいろいろな記事が掲載されていた。

「学校に行けない子供に言ってはいけない言葉」「子供を引きこもりから救うための二つのポイント」「不登校への適切な対処法」などなど。

このホームページはどんな人が書いたのだろう？　そう思ったあなたは、著者のプロフィールを読んでみます。すると、「不登校専門カウンセラー」という肩書きの人が書いていることがわかります。

「不登校専門カウンセラー」こんな人がいるんだ。気になったあなたは、そのホームページを隅から隅まで目を通していきます。すると、なんと「無料カウンセリング」というページを見つけました。読んでみると、初めての方に限り、30分間の無料カウンセリングを受けることができる、と書いてある。「一度この人に相談してみようかな……」

そしてあなたは、無料のカウンセリングを申し込む。

いかがでしょうか？　もし、あなたが本当にそんな状況になったら、この不登校専門カウンセラーに相談してみたいと思いませんか？

私のところにカウンセリングに来る人のほとんどが、このように、何らかの悩みを抱えておられます。そして、それを何とか解決したいと思っている。でも、その解決方法までは考えていない。つまり、解決方法は何でもいいのです。やり方は関係ない。ただただ、自分の子供が元気になってくれれば……。

この例では、無料カウンセリングと書きましたが、これが有料であればなおさら、解決したい悩みを解決できる人でなければ、お金を払ってくれるはずがありません。

でも、どうでしょうか？　多くのカウンセラーやコーチは、自分がどんな問題を解決できる人なのかを説明するのではなく、自分のカウンセリングやコーチングを売ろうとしています。「カウンセリングってこんなにすばらしいんだよ」「コーチングってこんなこともできるんだよ」「どんな悩みにも対応できるんだよ」……。

何でもできる、と伝えても、それは誰の心にも刺さりません。何でもできるは、何もできないのと同じなのです。先ほどの例で考えてみても、もし、この不登校専門カウンセラーが

「私はどんな問題も解決できるカウンセラーです」というホームページを作っていたら、きっと、あなたはこのホームページを見ることもなかったでしょう。だから、カウンセラーやコーチとしてお客さんに来てもらいたいと思ったら、きちんと自分ができることを絞って、お客さんに見つけてもらうようにしなければならないのです。

これを〝ポジショニング〟と呼ぶのですが、野球などのスポーツを見ていると、よく守備位置のことをポジションと呼びますね。ピッチャー、キャッチャー、ファースト、セカンド……この守る位置。これがポジションです。

だから、カウンセラーやコーチも、自分の守る位置を明確にして、それを必要としている人にきちんと伝えていく必要があるのです。

このポジショニングについては、また後でくわしく説明していきますが、まずはポジショニングを設定するということを頭に置いていただき、その上で、売れるカウンセラーやコーチになるために必要なポイントについて、次の章から説明させていただきます。

2章

お客様が集まる集客の仕組みとは?

1 あなたに見込み客は何人いますか？

突然ですが、「あなたに見込み客は何人いますか？」今、そう聞かれたら、あなたならどう答えますか？　ちょっと考えてみてください。

今、私のところに相談に来られる方には、必ず最初にこの質問をするのですが、そう聞くと、「三千人くらいです」「百人くらいです」「十人くらい」「全然いません」「わかりません」などなど、いろいろな答えが返ってきます。

さあ、いかがでしょうか？　あなたの見込み客は何人でしょうか？

実は、この質問、私がまったく売れなかった時、初めてお願いしたコンサルタントの方に最初に聞かれた質問です。その時私は、「えっ？　見込み客ですか。考えたこともなかったです」そう答えました。すると、

コンサルタント「見込み客はいないんですか？」

今泉「いないわけではないのですが……」

コンサルタント「じゃあ、何人ですか？」

私はこの時、正直困りました。何人と言われても、はっきり数えたこともないし、でも、曖昧な答えでは許してくれそうにない。そこで、携帯電話のアドレス帳を見ながら、見込み

客と言えそうな人を探しました。

「この人は、以前一度受けてみたいと言っていたな」「この人も悩みがあるって言っていた」「そう言えば、この人も興味があると……」

そうやって数えたら、十人ほど見つかりました。

今泉「十人ぐらいですかね」と答えると、コンサルタントの方は、続けざまに次の質問をしてきました。

コンサルタント「では、今泉さんのカウンセリングって、一回受けると料金はおいくらですか？」

当時、一回のカウンセリングの料金を一万円と設定していましたので、「一万円です」と答えました。するとまた、「では、今泉さんのカウンセリングって月に何回くらい受けるものなのですか？」「何度も受けるものなのでしょうか？」

カウンセリングは、そんなに毎日受けるようなものではないので、私は、月に2回くらいですかね」と答えました。すると、コンサルタントはこんなことを言い出したのです。

コンサルタント「では、今月その見込み客の方が全員カウンセリングを受けてくれたとして、今泉さんの今月の売上げは20万円ですね。では、その方たちは来月も同じように受けてくれますか？」

「来月受けてくれますか？」と言われても、見込み客とは言ったものの、勝手にこっちが言っているだけで、かなり受けてくれる確率は低いし、万一、今月受けてくれたとしても、引き続き来月も継続してくれるなんて、とても思えない。でも、継続にならないと答えるのも何だか嫌だし……。

ということで、私は、「うまくいって、継続していただける人は半分くらいだと思います」そう答えたのです。すると、すぐさま、

コンサルタント「では、今泉さんの来月の売上げは、今月の半分の十万円ですね。再来月はいかがでしょうか？　何人くらい残りそうですか？」

今泉「……」

そう言われて、私は何も答えることができなかった。すると、言葉に詰まった私に対して、コンサルタントの方が一言、「これじゃあ、ビジネスにならないですね」

その時、私はまるで頭をハンマーで殴られたような衝撃を受けました。すごくショックでした。でも、同時に「その通りだ」と思ったのです。

見込み客の数を聞かれても答えることができない自分。そんな自分にお客さんが来てくれるはずがない……。

前章で「売れるカウンセラー、コーチになるための、たったひとつのポイントとは？」と

書きましたが、実はこの見込み客がいるか、いないか。これこそが、売れるか、売れないかに直結しているのです。

いかがでしょうか？　あなたの周りを見てみてください。あなたが知っているカウンセラーやコーチの人でお客さんがたくさんいる人は、見込み客をたくさん抱えた人ではありませんか？　逆に、お客さんが来ないと悩んでいるカウンセラーやコーチの人には、見込み客もいなさそうではありませんか？

何度も書きますが、私自身、カウンセラーとして活動しはじめた頃は、まったくお客さんはいませんでした。だから、お客さんを集めるために、異業種交流会に参加したり、いろいろな懇親会やセミナーに参加したり、ブログを書いたり、SNSに投稿したり……。必死で自分にできることをやっていきました。しかし、そんなことをしていても、まったくお客さんは集まりません。

そんな時、友達を見ていると、セミナーの募集を開始すると、すぐに満員御礼となったり、「個人セッションの感想をいただきました」とブログにいつも書いてある。そんな友人を見ていると、私はどんどん苦しくなっていきました。

「なぜ、自分にはお客さんが来ないのか？」そう自分に問いかけると、すぐに答えがやってきます。「スキルが足りないから」「魅力がないから」「嫌われているから」……。

そんなことばかり考えていると、どんどん落ち込んでいきます。そして、「やっぱり、自分じゃあダメなんだ」そんな答えにたどり着くのです。

でも、私は、はじめてお願いしたコンサルタントの方に、「見込み客がいないとビジネスにならない」と言われました。でも、これをよく見てみると、見込み客がいないとビジネスにならないということは、見込み客さえいれば、ビジネスになる。つまり、お客さんが来るということです。

であれば、お客さんが来ないのは、「見込み客がいないからだ」ということになるはずです。決して「スキルが足りないから」とか「魅力がないから」「嫌われているから」などなど、そんな理由でお客さんが来てくれないわけではないのです。

あなたにお客さんが来ない理由。それはたった一つ「見込み客がいないから」ただ、それだけの理由なのです。だから、現状、仮に見込み客がいない状態だとすると、それは、お客さんが来なくて当たり前なのです。

だから、やることはただひとつ。そう、あなたの見込み客を探すことなのです。

2 見込み客って何だろう？

お客さんが来るか・来ないか、それは、見込み客がいるか・いないか、ただそれだけの理由である。先ほど、そう書きましたが、そう言われてどう思いますか？「たしかにそうだな」と思う方も多いのではないでしょうか？

私もコンサルタントから初めてこれを聞いた時、そう言えば、たしかに私の周りの売れている人は、見込み客と言われる人がたくさんいそうでした。たとえば、インスタやフェイスブックを見ていても、売れている人は、「いいね」がたくさんついているし、コメントもいっぱい。それに比べて私は、「いいね」はそんなに多くないし、コメントもほとんどない。これではお客さんが来るはずがない。

当時の私は、有料のカウンセリングはもちろんですが、無料カウンセリングですら申し込みが入らない状態だったのです。この状態を脱するには、コンサルタントが言う通り、見込み客を集めるしかない！　でも、どうやって集めればいいのだろう？　そもそも、見込み客を集めるって、どうすればいいんだろう？

最近、私のところに相談に来た人に、この「見込み客は何人いますか？」そう聞いた時、その人は、何やら計算を始めました。「今、●●市の小学生は●●人くらいで、その●割がこの地区に住んでいるので、そして、その人の中の●割くらいは、興味を持ってくれるはずだから……150人くらいですかね」

その答えを聞いて、私はすぐに次の質問をしました。「150人いるのですね。それは、誰ですか？　具体的に名前を教えてください」

そういうと彼女は、「名前はわかりません。多分、これくらいという話です」と答えたのです。

実は、ここが一番大切な部分なのですが、そもそも見込み客とはどんなものなのか？　私が、初めてこの話をコンサルタントから聞いた時、言われたのは、「見込み客とは、今泉さんのやっている仕事や、今泉さん個人に興味を持ってくれている人で、そして、こちらから連絡が取れる人でないとダメです」そう言われたのです。

ネットで「見込み客とは？」と検索すると、「見込み客とは、ある製品を買う可能性のある人です。その意味で、見込み客とは、ターゲットとして選定した顧客層を具体的な人や法人へと落とし込んだものであるということができます」と書かれています。

ここで大切なのが、「具体的な人や法人へと落とし込んだものである」という部分なのですが、つまり、「おおよそこれぐらい」という概算ではダメだということです。そして、私のコンサルタントはさらに、「こちらから連絡が取れる人でないとダメ」そんな条件までつけてきました。

この話を聞いて、私はふとテレビショッピングを思い出しました。テレビで夜中や早朝よくやっているあの番組です。たとえば、サプリメントの販売をしているシーンを見ていると、おばあちゃんが階段を登っているシーンが出てきます。

そして、その次の瞬間、突然、膝を抱えて「あいたたた……」と膝を痛がり、座り込む姿が。そして、その販売しているサプリメントを飲んだら、そんな症状がすっかりよくなって、どんどん階段を登っている。そのあと、購入者の声として、それを飲んでどんな効果があったのか、インタビューに答えるおばあちゃん。そんなコマーシャルよくありますよね。そして、そのまま見続けると、「今だけ、一ヶ月分プレゼント」といった、その商品を体験できるような仕組みがある。

では、このプレゼントに応募する人はどんな人なのでしょうか？　普通に考えると、やっぱり膝が痛い人など、自分の体のどこかに問題を抱えている人ですよね。いくら無料だからといっても、体のどこにも問題がない二十代のバリバリ健康な人はこの無料プレゼントに申し込むはずがない。

何を言いたいかというと、つまりこのプレゼントは、このサプリを必要とする人を集めている、ということです。高いお金をかけて作ったテレビ番組。その中で、このサプリを欲しい人（つまり見込み客）を集めているのです。

このサプリを申し込むということは、当然ですが、売る側からしたら、自分の商品に興味を持ってくれている人。そして、サンプル申し込みの際、名前はもちろん、住所や電話番号、メールアドレスなども登録するので、こちら側から連絡をつけることができる人です。私のコンサルタントが言った、見込み客の条件にぴったりの人なのです。

大手の企業でも、こうしてお金をかけて見込み客集めをしている。この見込み客というのは、それぐらい価値のあるものなのです。

「喧嘩と火事は江戸の華」と言われるくらい火事が多かった江戸時代。商家では、火事になった時、何よりも先に顧客台帳を井戸に投げ入れた、という話を聞いたことがあります。

お金や高価なものよりも、まず顧客台帳を大切にした。なぜなのか？　顧客台帳ですので、もちろんそこにはお客さんの名前が書いてある。一度利用した人は当然ですが、次回の見込み客にもなるのです。大昔から商売をする人は、この見込み客を大切にしていたのです。

ちょっとイメージしてください。もし今、あなたに見込み客が全然いない状態だとして、それが、ある日突然、一万人の見込み客ができたとします。その一万人の見込み客に対して、「来月セミナーをやるので参加しませんか？」そんな募集をかけたとします。

その時、その見込み客の反応はどうだと思いますか？　あなたのやっていること、もしくは、あなた自身に興味を持ってくれている人が見込み客です。であれば、それが一万人もいたら、何人かはセミナーに参加してくれるような気がしませんか？

見込み客がある程度集まれば、必ずお客さんは集まります。しかし、見込み客が少なかったらやっぱりお客さんは来てくれません。だから、私たちはこの見込み客を集めることに力を注ぐ必要があるのです。

しかし、大手企業ならコマーシャルを打って見込み客集めも可能でしょう。でも、私たちのような個人でビジネスをやっている資本力のない人は、どうすればいいのでしょうか？

3 見込み客の定義とは？

見込み客を集めることの大切さ。何となくわかっていただけたと思います。大手企業ですら、必死で見込み客を集めている。であれば、個人事業主や小さな法人で仕事をしている私たちは、より、この見込み客を集めることが必要となってくるのです。

しかし、見込み客を集めることの大切さはわかりました。でも、先ほど書いたサプリメントのような商品がない私のようなカウンセラーやコーチは、どうやって見込み客を集めればいいのでしょうか？

ここで大切になってくるのが、1章でも書いたポジショニングということになるのですが、基本、私たちのことは誰も知りません。もちろん、あなたが、芸能人やスポーツ選手で、有名な人であれば別ですが、普通一般に暮らしていて、とくに、これからビジネスを始めようとしている人であれば自分の名前を言ったところで、誰も興味を持ってくれないのです。

だから、お客さんの悩みとか、お客さんの願望をベースにポジショニングを作り、それをたくさんの人に伝えて、興味を持ってもらう必要があるのです。

しかし、明確なポジショニングができたとしても、どうすれば、見込み客を集めることができるのでしょうか？

もう一度、見込み客とは何かを確認すると、私がコンサルタントに言われた言葉を借りると、「見込み客とは、今泉さんのやっている仕事や今泉さん個人に興味を持ってくれている人で、そして、こちらから連絡が取れる人でないとダメです」ということでした。

私がやっていることに興味を持ってもらうということは、先ほど書いたポジショニングを明確にしていけば、それに興味を持つ人は見つかると思います。しかし、さらにこちらから連絡が取れなければならない。ということは、最低でも、メールアドレスか電話番号など連絡先をいただかなければなりません。

さあ、どうすれば、自分のやっていることに興味がある人のメールアドレスや電話番号をゲットできるのでしょうか？

もちろん、いろいろな方法があるのでしょうが、私は今、この見込み客の定義を明確に作っています。

私の見込み客の定義、それは、

「見込み客＝メールマガジン読者」

突然ですが、あなたは「メールマガジン」（以下メルマガ）というものをご存じでしょうか？
私もいくつかこのメルマガを作っているのですが、「メルマガ」とは、企業などから複数の読者に対して一斉配信されるメールのことを言います。このメルマガこそ、見込み客を集める大切なツールとなるのです。

たとえば、私のメルマガの一つに、「使命を見つける前世からのメッセージ」というメルマガがあります。このメルマガは、私がやるセラピーの一つ「前世療法」というものがどういうものであるのか、十日間にわたってメールでお伝えするものなのですが、そのメルマガの最後には、音声ファイルを使って実際にそれを体験していただくことができるという内容になっています。

私のことはまったく知らないけれど、前世療法には興味がある。自分の前世を知りたい。そんな思いを持つ方はいらっしゃるのです。そんな人が、たまたま私のメルマガ「使命を見つける前世からのメッセージ」という無料メルマガの存在に気づきます。

するとどうなるでしょう？　きっと、「無料だし、やってみようかな」そんな気持ちになっていただけるのです。そして、メルマガを登録する。

ちょっとイメージしてください。あなたも、自分のターゲットが求めている内容のメールマガジンを作ったとします。そのメルマガに千人の登録があった。その人たちに、たとえば、

「無料の体験セッションに参加しませんか？」そんな声かけをしたとします。いかがでしょうか？　千人見込み客がいたら、何人かは申し込みをしていただけそうではありませんか？たしかに、千人いたら誰か参加してもらえそうだけれど、千人なんて……。いきなり千人と言われると、そんな気持ちになる方もいらっしゃるかもしれませんが、でも、実際にビジネスとしてやっていこうと思ったら、最低でも千人以上の見込み客は必要です。でも、ひとつの基準としてですが。

私の場合、メルマガを始めたばかりの頃は、やはりメールを送っても何の反応もありませんでした。「こんなことをやって、意味があるのだろうか？」そう思う時もあったのですが、がんばって登録いただく人を増やしていくと、読者が三百人を超えた頃から、コメントが入り始めました。

そして、それが六百人を超えたあたりから、カウンセリングの申し込みが入り出したのです。そして、千人を超えると、普通に申し込みが入るようになりました。

あなたが知っているカウンセラーやコーチの方を見てください。きっと、メルマガをされていると思います。そして、その読者は軽く千人を超えている。そうなると、もう全国どこででも、セミナー等を開催することができるのです。

売れている人と売れていない人の差。それは、見込み客がいるか・いないか。つまり、メルマガ読者がいるか・いないか。ただそれだけの違いなのです。だから、もし今あなたが、なかなか思うようにお客さんが来てくれない。そんな状況であっても、それは、あなたに魅力がないからでも実力がないからでもありません。ただ単に、メルマガ読者が少ないから。だからお客さんが来ないのです。

4 見込み客を集めるために必要な二つのツールとは？

見込み客を集めるためにメルマガを始める。つまり、見込み客とはメルマガ読者の数である。今、そう書きました。でも、そういうと、今時メルマガですか？　そう思う方もいらっしゃると思います。たとえば、最近注目を集めているLINE公式アカウントのほうがいいのでは？　よくそんなことを聞かれるのです。

LINE公式アカウントの一番の売りは、開封率ですね。LINEって、元々お友達とメッセージを交換するツールです。だから、届いたら開封する。スマホにあるLINEアイコンに赤丸で数字が書いてあると、ちょっと気になりますよね。でも、逆に見込み客を集めるためのツールとしては、その開封率の高さがネックになる場合もあるのです。

というのは、メルマガの開封率ってどのくらいかご存じでしょうか？　実は15％行けばよいほうだと言われています。つまり、開封率はLINEと比べると非常に低いのです。でも、たとえば、メルマガ読者が百人いて15％の開封率だとすると、読んでくれる人は15人ということになりますね。でも、これって、同じ15人だけがいつも開封しているということではないのです。タイトルを見て、自分に必要そうだと感じたらメールを開く。つまり、開けても、開けなくてもよい。それがメルマガのよさなのです。

またまたイメージしてください。気になって登録したＬＩＮＥ公式アカウント。でも、そこから毎日連絡が来たらどうですか？　ちょっとめんどうくさくないですか？　そうなると、どうしますか？　普通にブロックしたり、解除したりしませんか？

見込み客を集めるというスタンスで考えてみると、私は、開けても開けなくてもよいメルマガというツールが最適だと考えています。開封してもしなくてもよいから、解除するという面倒な手続きもしなくていい。だから、長い期間、こちらからのメッセージを受け取り続けていただけるのです。

しかし、決してそれはＬＩＮＥ公式アカウントがダメだということではありません。たとえば、もうすでに自分のお客さんになってもらっている人に対してメッセージを送るツールとしては、ＬＩＮＥ公式アカウントは最適だと思います。到達率も高く、開封してくれる。だから、もうすでに自分のことを知ってくれている人に送るツールとして使うには、ものすごく便利なものなのです。

お客さんを集めるためには、お客さんには段階があることをきちんと理解しないといけません。詳細はまた後で書きますが、見込み客には、見込み客に最適のツールを使ってアプローチする。既存客には既存客に必要なツールで連絡を取っていく。そんな仕組みを作っていかないと、コンスタントにお客さんを集めることができるようにはならないのです。

でも、実はこのメルマガにも二つのツールがあるのをご存じでしょうか？　ここもきちんと理解しておかないと、必要な人に必要なメッセージを伝えることができません。

メルマガには、ステップメールと呼ばれているものと、通常のメルマガと二つの種類があります。先ほど紹介した私のメルマガ「使命を見つける前世からのメッセージ」はステップメールということになるのですが、ステップメールとは、今日登録した人に、翌日、第一話が届き、そして、その翌日に第二話が届く（初回の配信日や配信の間隔はステップメールごとに設定ができて違います）。

そのように、一話・二話・三話……とメールが届き、そして、たとえば、一週間とか、十日間でメールが終了する。これがステップメールというものです。

そして、通常のメルマガとは、今、登録している人にメールを送るツールです。たとえば、今日私がメルマガを送ったとします。そうすると、今、私のメルマガに登録いただいている人だけがそのメールを読むことができる。ということは、今日私がメールを送った日以降にメルマガを登録した人には、今日のメールは届かないということになります。

ちょっとわかりにくいかもしれませんが、この二つを有効に活用することで、見込み客を集め、実際にお客さんに来てもらうことができるようになるのです。

では、このステップメールとメルマガ、見込み客を集めるためには、どのように使っていけばよいのでしょうか?

メルマガを使って見込み客集めをしようと思ったら、まず作らなければならないのは、ステップメールです。先ほども書いた通り、登録した翌日から一話、二話、と配信が続くステップメール。そこに、自分のターゲットが欲しい情報をしっかりと書いて伝えていくのです。

たとえば、不登校で困っている親御さんをターゲットとして、不登校専門カウンセラーとして活動していくことを決めたとします。そのターゲットである、不登校の子供を持つ親御さんが欲しいであろう情報をステップメールとしてまとめていく。

「不登校6つの原因と7つの解決法」「不登校解決策（学年で違う不登校への対処法）」「学校に行きたくない。そんな子供の心を開く7つのポイント」などなど。

これは、あくまで、今、私が考えたタイトルで、中身のあるものではありませんが、このようなタイトルの無料メルマガがあったとします。それを不登校のお子さんを持つ親御さんが見つけた。そのメルマガの説明文を読んでいると、ぜひくわしく読んでみたい。そして、ステップメールに登録する。

　このような流れで見込み客を集めていくのです。しかし、このステップメールに登録したからといって、すぐにお客さんになってくれるわけではありません。そこで大切なのが、その中身、メールの本文です。集客のためのステップメールというと、何かを売らなければならない。そう考える方もいらっしゃるかもしれませんが、子供の不登校を何とかしたい。そんな思いでメルマガを登録したのに、いきなりセールスが始まった。そんなメールの内容であれば、すぐにメールは解除されます。そして、その人は二度と自分のところに戻ってくることはありません。

　だから、まずは、ターゲットの役に立つ情報をしっかりと送っていくのです。一話、二話、三話と読み進めていくうちに、なるほどなるほど、勉強になるな……そんな気持ちになってもらう。それが大切なのです。

5 ステップメールとメルマガの連携で理想のお客さんを育てよう

　ステップメールで見込み客を集める方法。何となくご理解いただけたと思います。では、もう少し、このステップメールについてくわしく説明していきます。

　何度も書きますが、ステップメールは、自分のターゲットとする人が欲しい情報を提供していくツールです。そこで、信頼を深めていく。一話、二話と読み進めていくうちに、どんどん興味を持ってもらえるようになっていくのです。

そして、ステップメールの最終話では、だいたい同じことが書かれています。何が書かれているかというと、それは、ステップメールを読み終わる見込み客が、次にどのような行動を取ればよいのか、それを伝えているのです。

せっかく見込み客を集めても、ステップメールの終了と共に、その関係性が終わってしまうのでは、その見込み客が本当に満足することはありません。なぜなら、その見込み客は解決したい悩みを抱えているからです。だから、そこから次に進んで、悩みを解決できるようにしてあげないといけないのです。

そこで、ステップメールを見てみると、現在、公開されているステップメールのほとんどが最終話でオファーしているのです。オファーとは、「申し出」「提案」という意味ですが、たとえば、私たちカウンセラーであれば、カウンセリングを受けることを提案する。そんなイメージです。

登録したステップメールを最後まで読んでくれた大切なお客さん。そのお客さんに悩みを解決していただくために、カウンセリングを提案する。しかし、この段階で高額の商品（たとえば、カウンセリングやコーチング）を提案しても、なかなか申し込みはありません。だって、そうですよね。いくらメールでよいことを言っていても、やっぱり今の時代、怪しい人もいるはずです。だから、簡単には次に進まない。ではどうすればいいのか？

そこで、カウンセリングやコーチングという自分の実際の商品を売るのではなく、たとえば、無料の体験カウンセリングや体験コーチングを提案していく。やはり、無料となると少しハードルが下がります。申し込みしやすくなるのです。

そこで、実際に自分と直接話をしてもらう。直接お話ができれば、それはメールで伝える何倍も何十倍も、情報を届けることが可能です。たくさんの必要な情報をお届けし、そして、さらに信頼を深め、そこでやっと有料の商品へと導いていくことができるようになるのです。

カウンセラーやコーチのような自分自身が商品となる自分商品ビジネスをやろうと思ったら、やはりどれだけ自分を信頼してもらえるか、ここで勝負が決まります。

いかがでしょうか？　これを聞いて、あなたもステップメールを作ってみたい。そう思っていただけましたか？　私も初めてこのステップメールというものが、見込み客を集めるツールであり、それを作ることで、体験カウンセリングに人を集めることができる。そう聞いた時、早速ひとつステップメールを作りました。

私が最初に作ったステップメールは、「本物の心理カウンセラー養成講座7日間プログラム」というタイトルで、カウンセラーの資格は取ったけれど、なかなかカウンセリングが上手くならない。そんな人をターゲットとしたステップメールだったのですが、このステップメールで、カウンセラーとして必要なことをいろいろと伝え、最後に、無料の個別コンサルへと誘導する。そんな内容でした。

しかし、作っても、登録していただけないとメール配信ができないので、私は、当時書いていたブログやツイッター、フェイスブックなどで、「いついつから、こんな内容でメルマガを始めますよ」と情報発信し、読者を増やそうとがんばりました。その結果、公開した初日に二十名ほどの方からご登録いただけたのです。

初めて作ったステップメール。私は、ものすごく期待していました。「これでお客さんが来てくれるかもしれない……」

二日目以降もボチボチと登録が入ったのですが、初日にご登録いただいた人は、計算すれば、今日何通目のメールが届いているのか、それを知ることが可能です。だから、いつ最終日で個別コンサルのオファーがあるのか、それを楽しみにしていたのです。

今日は、三話目、そして、四話目……。いよいよ明日が最終日。最初の無料個別コンサルのオファー。20人中、何人の方が無料コンサルに申し込んでいただけるのか？

結果、どうだったと思いますか？　実は、ものすごく期待していたのですが、残念ながら個別コンサルへの申し込みはありませんでした。申し込み「0」……。期待していたのに……。

でも、今考えるとわかりますが、無料だからと言って、そんなに簡単に個別コンサルなどの個人セッションの申し込みは入りません。ひょっとすると、これを読んでいるあなたも過去にいろいろなテーマのステップメールを登録したことがあるかもしれませんが、その時、最後にあった無料セッション等の申し込みをされた経験がありますか？　多分、ほとんどの方がノーだと思います。なぜなら、そもそも、その最後のオファーを受けたいからこのステップメールに登録したわけではないからです。

であれば、これを作る意味がどこにあるのか？　そう思う方も多いと思いますが、でも、実はここで、ステップメールとメルマガの連携が必要となってくるのです。

ステップメールは、発行する回数が決まっているので、最終話まで行けば、もう配信は終わってしまいます。でも、ステップメールと違いメルマガは、登録いただいた人にいつでもメールを送ることができる。実は、ステップメールの特徴のひとつに、配信が終了した後、自動的にメルマガへ登録移行することができるという特徴があります。

たとえば私の場合、本物の心理カウンセラー養成講座7日間プログラムを登録いただくと、まずは7日間、このステップメールが読者登録いただいた方に届きます。そして、その配信が終了すると、次に通常のメルマガ（私のメルマガは「心の取り扱い説明書」と言います）

に自動的に登録されるようになっているのです。そして、私はメルマガを週に三回配信しているので、ステップメールが終了しても、この「心の取り扱い説明書」のメルマガが届くのです。

実際に、私のところにカウンセリングを受けに来られる方に、どうして私を知ったのですか？とよく質問するのですが、その時、ほとんどの人が「メルマガを読んでいます」そう言われます。つまり、ほとんどの人が私のメルマガを読んで、カウンセリングにお申し込みをされている。でも、メルマガを読んでいるという人に、「いつ頃から読んでいただいているのですか？」と質問すると、「えー、わからないです」「ずっと前から読んでいます」そんな答えが返ってくるのです。

ステップメールを登録する人は、それぞれいろいろな理由があると思います。でも、そのほとんどが、カウンセリングを受けるほど困っているわけではない。

でも、そんな人も生きていれば、誰かに相談したい悩みのひとつや二つは出てきます。たとえば、大好きだった彼氏にフラれてしまった。苦しくて・苦しくて……誰かに相談したい。そんな時、いつも届いている私のメールをふと思い出す。「そういえば、今泉さん、無料のカウンセリングをやっておられたな。ちょっと一度お願いしてみようかな」

そうやって、申し込みが入るようになるのです。

ステップメールとメルマガを連携させ、見込み客に情報発信し続ける。そうすると、いつも開封しなくても、心理カウンセラー今泉智樹という名前が、その人の頭の中にインプットされていくのです。そして、必要となった時に、思い出していただける。

ですので、ステップメールはターゲットに応じて、たくさん作っていただいて結構です。そして、そのすべてが一つのメルマガにつながっていく。こうやって集めた見込み客は、メルマガの人数を見れば、今何人いるのかそれがはっきりとわかるのです。

6 集客の仕組みの全体像

ステップメールで見込み客を集め、そして、その見込み客にメルマガで情報発信を続けていく。ちょっとわかりにくいかもしれませんが、ここで、集客の仕組みの全体像をお伝えしたいと思います。全体像が見えないと、ステップメールとかメルマガとか言われても、ピンとこないですよね。

これまでお話ししてきたことをもう一度確認すると、お客さんを集めるには、まず自分がどんな人のどんな悩みを解決できるのか、ポジショニングを設定するということでした。

そして、その悩みを解決できるステップメールを作る。そうすると、ターゲットとなる人が興味を持ってくれて、そのステップメールに登録してくれる。そして、さらに、その見込み客に、メルマガを送っていくことで、自分の存在をその見込み客の頭の中にインプットしていく。さらに、その見込み客に何かが起きた時、いつでも相談できるよう、無料のコンテンツ（無料カウンセリングなど）を準備する。ここまでの話はこういう話でした。

でも、実はここまでの話は、まだ集客の仕組みの第一段階にすぎません。これから、本当に売上げが上がる仕組みを作っていく必要があるのです。

さて、ここまでお話ししてきたことを見てもわかると思うのですが、前にも書いた通り、お客さんには「段階」があります。この段階とは、レベルが高いとか低いとかいう意味ではなく、その人の状況によって、その時、提案する内容が変わってくるという話なのですが、実は私自身、カウンセラーをはじめた頃、お客さんの段階なんて考えたこともありませんでした。

だから、私はみんなに、私のカウンセリング（ヒプノセラピー）を提案していたのです。私自身が、パニック障害という悩みを解決することができたヒプノセラピー。「これって、本当にすごいんだよ。ぜひ、あなたも受けてみませんか？」とあたり構わず、勧めていたのです。

でも、見込み客でもない人たちは、それで動くことはありませんでした。誰も受けてくれなかったのです。そうなると、脱サラした私はどんどんお金がなくなっていきました。このままではたいへんなことになる。「どうすればいいんだ？」そう考えて出した答えが、「もっと高いものを売ろう」ということでした。

もっと高いものとは、カウンセラー養成講座です。私は、カウンセラーになるために、いろいろな講座を受けました。そして、その一つひとつがものすごく私を変えてくれました。だから、このいろいろな講座をまとめて新しい講座を作って提供すれば、きっとみんな喜んでくれるに違いない。

でも、実績もない私がいきなり心理カウンセラー養成講座をやると言っても、やっぱり簡単には来てくれないだろう。そう思った私が考えた対策は、講座の料金を安くすることでした。当時、いろいろな講座を調べてみると、だいたい15万円くらいが、講座の相場だったのです。でも、実績のない私がこの価格で提案しても、やっぱり誰も来てくれないだろう。

「そうだ！　安くしよう」そう考えた私は、心理カウンセラー養成講座を5万円でスタートしました。通常、15万円くらいで開催されている講座、それを5万円で開催することで、きっとみんな興味を持ってくれるに違いない。しかし、結果は、言わずもがな。誰も来てくれなかったのです。

当たり前ですね。カウンセリングの実績もほとんどない私がカウンセラーを育てるって普通に考えるとありえないことだと思います。それを、価格を安くするから売れるだろう。そんな安易な考えでスタートした私。当然、そんな講座には誰も参加しない。

カウンセリングやコーチングでお客さんを集める時に大切なことは、お客さんの段階に応じた商品を提供していくということです。段階とは、まず、見込み客という段階。これは今までお話ししてきましたが、自分のやっていることに興味を持ってくれて、こちらから連絡が取れる人でしたね。その人には、ステップメール、メルマガという商品を提供していく。

そして、自分のやっているカウンセリング、コーチング等がどういうものなのか、しっかりと学習してもらう。そこから、次のステップ「無料の一回客」という段階に移ります。

「無料の一回客」とは、これも先ほど書いた「無料カウンセリング」等がこれに当たります。つまり、ステップメールやメルマガを読んで、「次に進みたい」と思った人に、一回試しに受けていただく商品を準備するということです。そして、その無料の商品を提供し喜んでくれた人に、有料の商品をご案内する。

次のステップが「有料の一回客」という段階です。無料カウンセリングや体験コーチングなどを経て、そのよさを感じた人が有料のカウンセリング等を買ってくれるようになるのです。そして、有料の一回客に有料の商品を提供し、そこで、問題を解決した後に、まだ残っている問題を明確にし、次の「リピート客」という段階に進んでもらう。こうして、一度話をした人が次に進みたくなるような仕組みを作っていく。

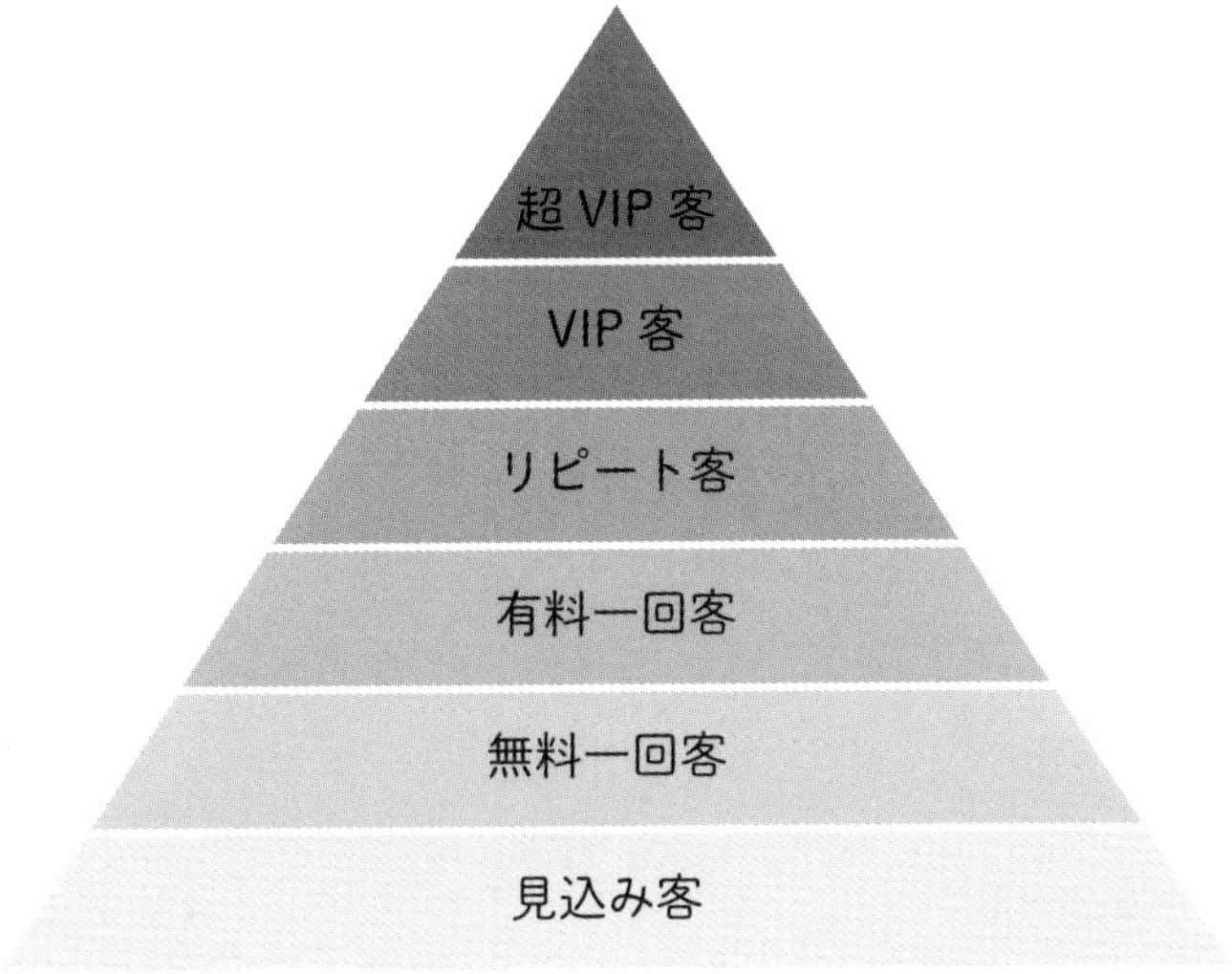

このリピート客の後にも、「VIP客」「超VIP客」という段階があるのですが、このステップをしっかりと作り、それぞれの段階に応じた商品を作っていく。これが、カウンセラーやコーチに必要な集客の仕組みづくりなのです。

これを図にすると、上のような形になります。

当然ですが、見込み客として来てくれた人全員が、次の段階に進むわけではありません。無料のメルマガを読んだだけで、悩みを解決される方もいらっしゃいます。それは、それでOKです。私たちカウンセラーやコーチの役割は、あくまでもお客さんの悩みを解決することです。だから、本当は、みんなメルマガを読んで悩みを解決できれば、それが一番いいのです。

でも、そうはいきません。やはり、自分のことは自分では見えない。だから、次に進みたい方が出てくるのです。こうして、自分に必要な商品をクライアントが買えるようにきちんと仕組みを作っていく。

次の段階に進む時、全員が次に行くわけではないと考えると、この図のように、一番下にある見込み客の人数が一番多く、上に行けば行くほど人数は減っていきます。

でも、このピラミッドのような仕組みが出来上がると、上の二つ「ＶＩＰ客」「超ＶＩＰ客」で収入の８割以上をまかなえるようになるのです。

この仕組みがきちんと出来上がれば、私たちは、「ＶＩＰ客」「超ＶＩＰ客」を集める必要はなく、見込み客さえ集めておけば、自然と必要な人が料金の高い上へと進み、自然と高額商品が売れるようになっていくのです。

さあ、ここまで読み進めていかがでしょうか？　ひょっとすると、言っていることはわかったけれど、そんなにうまくいくはずがない。そう思われたのではないでしょうか。

実際、私自身、初めてこの仕組みを知って、それを作った時は、まあうまくいきませんでした。無料のお客さんは来ても、有料にはつながらない。そんな日々が続いたのです。

でも、あるポイントを押さえることができれば、本当に見込み客を集めるだけで、高い商品を買ってもらえるようになってくるのです。

ということで、次の章では、どうすれば、この自然とお客さんが集まる集客の仕組みができ上るのか、もう少しくわしくみていきましょう。

3
章

自然とお客さんが集まる集客の仕組みの作り方

1 無料カウンセリングは絶対にするな！

集客の仕組みというものがどういうものであるのか、何となくご理解いただけたと思います。たしかに、見込み客が集まれば、そこからお客さんになってくれる人も出てきそう、と思われたかもしれません。

でも、残念ながら、実際にやってみると、これがなかなかうまくいかないのです。

たとえば、この項目のタイトルは「無料カウンセリングは絶対にするな！」となっていますね。

先ほど、「無料にしてハードルを低くしてクライアントを集めろ」と言ったじゃないですか？　と聞こえてきそうですが、でも、実は、私のようにカウンセリングを仕事としてやっている人間が、いわゆる自分の商品（私の場合、カウンセリング）を無料で提供してしまっては、ダメなのです。これも、私の事例でお話ししたいと思います。

私は、この集客の仕組みづくりの話を聞いた時、早速やってみようと思い、メルマガを作りました。そして、一所懸命、そのメルマガの読者を集めたのです。そして、そのメルマガで無料カウンセリングを提案したのです。

でも、いくら無料だからと言って、中途半端な商品を提案していては、誰も興味を持ってくれません。それは、それまでの実践で十分わかっていたので、見込み客に提案する無料カウンセリングについても、しっかりと考えて販売ページを作りました。

「通常60分のカウンセリングですが、今回無料で30分のカウンセリングを提供させていただきます。私は、無料だからと言って手を抜くようなことはいたしません。だから、たった30分ですが、きっとあなたの悩みも解決する！」

そんなキャッチコピーだったと思います。

見込み客であるメルマガ読者にこう提案したところ、早速反応がありました。無料カウンセリングにお申し込みをいただくことができたのです。無料とはいえ、これまで全然お客さんが集まらなかった私は、すごくうれしかったことを今でも覚えています。

無料カウンセリングでお客さんを集めることができた。そこで私は、そのお客さんの悩みをしっかりと聞きました。無料カウンセリングの販売ページにも書いた通り、無料だからと言って手を抜くなんてことはしなかったのです。するとどうなるか。

当然ですが、クライアントには喜んでいただくことができました。つまり悩みを解決することができたのです。だから、無料カウンセリングの後にもらうアンケートには、「無料カウンセリングを受けて、本当によかったです」そんな「お客さんの声」が数多く集まりました。

これも、やはりうれしかったですね。

そして、どうなるか？

喜んだクライアントは、私に優しく「ありがとうございました。今泉さんのおかげで悩みを解決することができました」そんな言葉をかけてくれたのです。

そして、どうなるか？

当たり前の話ですが、そのまま……喜んで帰って行かれました。

見込み客を有料のカウンセリングへと導くために行なった無料カウンセリング。冷静に考えてみると、それが無料であろうと、クライアントの悩みを解決してしまっては、お客さんは帰って行かれます。では、どうすればいいのか？

無料で悩みを解決してしまっては、お客さんが有料へと進むことはありません。だったら、お客さんの悩みを解決しないで中途半端なままでやめて、ここからは有料です、としたほうがよいのか？

でも、そんなことをしてしまったら、もともと「あなたの悩みを解決します」と言って集まってもらったお客さんですから、それを「ここからは有料です」などと言ったら、嘘をついたことになりますね。当たり前の話ですが、嘘をつくようなカウンセラーにお客さんは集まってくれません。

では、どうすればいいのか？

そこで、今回のテーマ「無料カウンセリングは絶対にするな！」なのです。

お客さんと話をすることが商売となる私たちカウンセラー。つまり、私の商品はカウンセリング。なのに、その商品を無料で提供してしまっては、そこから先に行くはずがありません。

パン屋さんの試食コーナーで腹いっぱいパンを食べさせたら、お腹いっぱいになった人がパンを買うことはありません。

じゃあ、無料カウンセリングをせずに、いきなり見込み客に有料のカウンセリングを売るのか？

でも、そうすると、今度は買ってくれなくなる。

さあ、ではいったいどうすればよいのでしょうか？

私たちカウンセラーにとって、「カウンセリング」は商品です。その商品であるカウンセリングを無料で提供してしまっては、ビジネスは成り立ちません。しかし、だからと言って、最初から有料にしてしまっては、とくに経験の浅いカウンセラーであれば、なかなかお客さんが来てくれない。この現実にどう対処すればいいのか？

実は、答えは簡単なのです。有料だとなかなかお客さんが来ないのであれば、無料で対応する必要があります。でも、無料でカウンセリングをやってしまっては、有料のお客さんが来ない。であれば、商品であるカウンセリングをしなければいいのです。つまり、無料のカウンセリングをするのではなく、無料の何か違う商品を提供すればいいのです。

そもそも、なぜ、無料のカウンセリングをやろうと思ったのか？　それは、お客さんと直接話をする機会を作ることで有料へと導こうと考えたからです。つまり、お客さんと話をするのが目的ということです。であれば、わざわざ自分の商品であるカウンセリングを提供する必要はありません。

私は、無料カウンセリングが有料につながらないという現実を知った時、どうすればいいのか、いろいろと悩みました。そして、出た結果は、「無料相談をやろう！」という結論でした。

無料相談？　無料カウンセリングと何が違うの？　名前を変えただけ？　と思われるかもしれませんが、私の中では「無料カウンセリング」と「無料相談」はまったく違うものなのです。

実は、私はカウンセリングをしていて、いつも感じていたことがあるのです。それは、カウンセリングに来る人の多くが、自分の悩みの原因をわかっていないということです。

どういうことかというと、もちろん、カウンセリングに来られる方は何か悩みを抱えておられます。そして、自分がなぜ悩んでいるか知っているつもりでいます。でも、実は、本当の悩みの原因をわかっていません。

たとえば、会社の人間関係で悩んで相談に来られる方の話を聞くと、「同僚に変な人がいるんです……」「上司がこんな人なんです……」だから、私が悩んでいる。そうやって他人のせい、環境のせいにしている人が本当に多いのです。

でも、たとえば、上司が変な人なので私がうつ病になりました、という人に、「じゃあ、その上司の部下はあなたを含めて全員がうつ病ですか?」と聞くと、全員がうつ病になっているなんてケースはありません。ということは、同じ上司を持っていても、そうなっていない人がいるということです。つまり、そうなった人の中に原因がある、ということなのです。

でも、そう言うと、「私が悪いって言うんですか……?」という話になりやすいのですが、もちろん、相談に来られる方が悪くて上司が正しいという話ではありません。

カウンセリングに来るくらい悩まれているわけですから、きっとその人が正しくて、相手が悪いのでしょう。でも、「良い・悪い」「正しい・間違っている」そんな議論では、その人の悩みは解決しないのです。「あなたが100%正しいです」たとえそう言ったとしても、クライアントの悩みは解決しません。だから、本当の悩みの原因を見つけるのです。それが、私が行なう無料相談です。

2 無料から有料へと導く魔法のツール「無料相談」

心理学者フロイト博士は、「自分の無意識に気づくことができれば問題は解決する」と言ったという話を聞いたことがあります。ということは、相談に来られる方に悩んでいる原因をヒヤリングしても、そこにきちんと気づけていれば、そもそも悩んでいないはず。でも、こうしてカウンセリングに来るくらい悩んでいるということは、その原因に気づけていないのです。

つまり、私たちの悩みの原因は、すべて無意識（意識していないところ）にあるのです。だから、いくら考えて、頭でこうだと思っても悩みが解決できないのです。

だから、私はこれを前の章で書いた無料一回客に向けた商品にしようと考えたのです。「無料カウンセリング」ではなく、「無料相談」を商品にする。そして、その無料相談では、お客さんに寄り添い、しっかりと話を聞いて、一緒に悩みの原因を見つけていく。それが見つかれば、フロイト博士がいう無意識に気づくことができるでしょう。

でも、「無意識に気づくことができれば」と言われても？「「悩みの原因を見つける」？いったいどういうことなんだろう？　よくわからないという方も多いと思いますので、ちょっと事例を上げてみましょう。これは、もうずいぶん前の話ですが、私に起こったできごとです。

ある日、携帯をチェックするとショートメッセージ（ＳＭＳ）が来ていました。ふだんあまり使わないＳＭＳです。「誰だろう？」そう思って見てみると、どうやら企業からのようです。「あれ？　何かな」

メールの内容は、「メルマガ無料期間が終わり、その期間での解約を行なわなかったので料金が発生している。これが最後通告だ！」

「なんじゃこりゃ」と思いながら、よく見ると会社の名前や電話番号担当者の名前まで書いてある。「あれ？　どういうこと？」ちょっと不安になる私。「メルマガはたくさん読んでいるし、何かあったかな？」「ちょっと電話してみようかな〜」

いや待て。これどうせ詐欺でしょう。ここに電話や返信したが最後、いろいろなメールが送ってきたり、何度も電話がかかってきたり……、怖いお兄さんが出てきて……。

どんどん妄想が広がっていく。そして、その妄想に合わせ、だんだん不安な気持ちになってくる。あら？　俺は何やっているんだ、ただの迷惑メールに……（笑）

人が悩む時って、こうして事実で悩んでいないことがすごく多いのです。

事実で悩まず、空想で悩む。自分でいろいろな空想をして、もし、こうなったらどうしよう。事実を事実ととらえないで、空想を事実ととらえてしまっているのです。そして、どんどん自分を不安にしていくのです。

不思議ですよね。ただ、メールを読んでいるだけなのに……。

目の前にある事実は、さっきまでと何も変わっていないのに、空想しただけで不安になる。

実は、私たちの心の奥底にある潜在意識という意識は、現実と空想の区別がつきません。そして、いろいろなこれまでの経験を蓄えています。だから、何かを空想した瞬間、過去に体験したことや、見たり聞いたりした経験と比較し、瞬時にいろいろな感情を作っていくのです。頭で考えるより、潜在意識から湧き上がる感情は何倍もスピードが速いのです。だから、いつのまにかその感情に左右されて、身動きが取れなくなっていくのです。

たとえば、先日こんな無料相談がありました。

クライアントのAさん（30代女性）からの相談は、相手が感情的になり出すと、自分にもスイッチが入り自分をコントロールできなくなる、というものでした。だから、そんな時でも冷静に判断できる自分になりたい。

私の無料カウンセリングでは、最近いつ「自分をコントロールできなくなった」と感じたのか、具体的な出来事を聞いていきます。

すると、少し前に、友達Bさんと喧嘩したという話になりました。喧嘩の原因は、Bさんが何度も約束をドタキャンする。いつも適当な理由をつけて、「ごめん」の一言もない。だから頭に来て、次の約束をAさんの方からキャンセルしたそうです。「私に対するリスペクトを感じられなかった」と、自分を軽んじられた感じがし、どうしても行く気になれなかった。

しかし、そのキャンセルした次の約束は、Bさんを含む4人での約束だったので、今度は、

Bさん以外のCさん、Dさんとの関係も悪くなってしまった。とくにCさんは親友だと思っていたのに……。

Cさんとのやり取りの中で、なぜキャンセルにしたのか、いろいろ説明をしたそうです。でも、Cさんはそれをわかってくれない。「Aは、いろいろ学びを深めているからくわしいかもしれないけれど、私はそのスピードについていけない」「いつも、Aからスイッチが入る」「私は何にでも『うん』とは言えないから……」と、そんなことを言われ、だんだん自分の話し方も変わっていく。声が大きくなっていく。

その時、どんなことを考えていたのかを聞いてみると、「何もわかってくれない」「何も受け止めてくれない」「全然、そんなこと言っていないのに……」そんな思いで頭がいっぱいになっている。そして、Aさんは、悲しい気持ちになっていました。

そんなやりとりをしている時、Aさんがふと、「昔、母親がそんな人だった」と、そう言われたのです。「どんなに言っても通じなかった」だから、いつも絶望を感じていた……と。

この無料相談では、その後、Cさんとのやりとりの中で浮かんだ「何もわかってくれない」という思考をしっかりとチェックしていきました。先ほど書いた、それが空想なのか事実なのかを検証していったのです。

でも、よくよく見てみると、「何もわかってくれない」わけではなく、わかってくれている部分もあることがわかりました。それを感じることで、Aさんの悲しいという感情は落ち着いていったのです。

私がいう無料相談では、基本このあたりまでの話をします。最近起こった出来事に対する感情をしっかりと処理する。でも、その後に、無料相談の目的である「本当の悩みの原因」を見つけていくのです。

ここまで読んで、このAさんの本当の悩みの原因って何だと思いますか？

勘のよい方はもうおわかりかもしれませんが、なぜAさんは、相手が何もわかってくれないと思ってしまったのか？　そして、なぜその時悲しい気持ちになったのか？

それは、先ほど少し書きましたが、「昔、母親がそんな人だった」「どんなに言っても通じなかった」だから、いつも絶望を感じていた……。

ここが関わってくるのです。

3 本当の悩みの原因を見つけ出す「無料相談」

親友Cさんと喧嘩したAさん。Aさんは、Cさんと一所懸命話したけれど、何もわかってくれない、そんな悲しい気持ちになっていました。でも、同じように喧嘩になったとしても、誰もが悲しい気持ちになるとは限りません。ただただ腹が立つという人もいるでしょう。何を言っても通じないというやり取りに、ばからしくなり笑えてくる人もいるかもしれません。でも、Aさんは悲しくなりました。

アメリカの臨床心理学者アルバート・エリス博士は、1955年に提唱した「論理療法」の中心概念として、ABC理論という理論を唱えています。

ABC理論とは、簡単に言うと、出来事（A）が結果（C）を作っているのではなく、出来事（A）と結果（C）の間には、その人の信念（B）があるというものです。つまり、「人は見えている世界をどう受けとっているか、その受けとり方（信念）で見ている世界が違う」というものです。

人にはそれぞれいろいろな経験があります。私たちの脳は、目の前に起こった出来事を自分の経験というフィルターを通して見てしまいます。だから、同じ出来事でも人によってその感じ方は違ってくるのです。

そこで、無料相談では、本当の悩みの原因を見つけ出す。つまり、ABC理論で言うB（信念）、つまりクライアントがどんな受け取り方をしているのかを見つけ出すのです。

Aさんの場合、話を聞く中で、「昔、母親がそんな人だった」「どんなに言っても通じなかった」だから、いつも絶望を感じていた……という話が出てきました。このように話を聞いていく中で、過去の出来事が出てきた場合、そこにその人の信念を作った経験が隠れていることが多いのです。

Ａさんの元々の相談内容は、「相手が感情的になり出すと、自分にもスイッチが入り自分をコントロールできなくなる」というものでした。そして、そんな自分を変えたいと思われて相談に来られたのです。ということは、今回は親友Ｃさんとの間に起こった出来事での相談でしたが、過去にも相手が感情的になった時、自分をコントロールできなくなった経験があったはずです。そのすべてが、自分の過去の経験から作り出した信念が影響しているものなのです。

だから、その信念が変わらなければ、また同じようなことが起こったときに、同じような反応が起こってしまいます。

そこで、無料相談では、その信念を見つけ出し、その信念を書き換えて新しい信念を作り出す方法として、自分の商品（私の場合、ヒプノセラピー〈催眠療法〉というカウンセリング）をご紹介するのです。

自分の悩みの原因が、自分の信念（自分がこうだと信じて疑わなかった自分のルール）にあるということを、たとえば、このＡＢＣ理論のような話をして、クライアントに理解してもらいます。そして、その信念がこういうことです。と具体的にお伝えします。そして、それを解決する方法（自分の商品、たとえばカウンセリングやコーチングなど）を私は持っています、とお伝えするのです。

その上で、それ（自分の商品）がどんなものなのか聞きたいですか？　と言うと、ほとんどの方が、「聞きたい」と言われます。そこではじめて、自分の商品を提案していくのです。

この流れで進むことができたら、ほとんどのクライアントが有料の商品を買いたいと言っていただけます。

人は何かを購入するとき、それがどんなものであっても、その先の自分を見ています。これを買ったらどうなるか、そんなイメージがしっかりできて、はじめて何かを購入するのです。

とくに、私たちが販売しているカウンセリングやコーチングなどの形のないものを売る場合、そのイメージ（自分の問題が解決できるというイメージ）をしっかりと作ることができなければ、やはりそれは売れないのです。

私の場合、先ほども書きましたが、ヒプノセラピーという心理療法が私の商品になります。ですので、本当の悩みの原因を解決するツールとして、このヒプノセラピーをご紹介します。

しかし、ここでもいくつかのポイントがあります。

まず、最初のポイントは、「必ず同じことを伝える」ということです。

どういうことかというと、無料相談を受けて、自分の商品の内容を聞いてみたい、そう言っていただいた人には、毎回同じ説明をするということです。つまり、どのように説明するのか、それをきちんと作っておく必要があるのです。

私の場合、「催眠って聞いたことありますか？」というフレーズからスタートします。すると、ほとんどの人が「聞いたことがある」と答えてくれます。ですので、そこで、催眠と聞いてどんなイメージを持っているのか、それを聞いていきます。もちろん、そこでは、人それぞれいろいろなイメージを持っておられますが、ここから自分の話に持っていくのです。

「実は私、はじめて催眠療法って聞いた時、五円玉かなんかをぶら下げて、「ほ～らだんだん眠くなる～」そんなイメージだったんです」そして、そこから自分が受けてみてどうなったのか？　それをきちんと結果を伝えていきます。

私の場合は、実際にヒプノセラピーでパニック障害を克服したという経験がありますので、その時の内容、自分の本当の悩みの原因がどんなものだったのか、ヒプノセラピーを受けてどんなことが起きたのか、それぞれ細かく説明するのです。

私は、この説明をこれまで何百回としてきました。最初はもちろんなかなかうまくいきませんでしたが、その時その時、お客さんの反応を見ながら、話す言葉を工夫していきました。そうやって、ひとつの型を作っていったのです。ですから、今では、どう言えば、どんな反応が返ってくるのか？　それもわかります。

このように、自分の話をしていきます。でも、これってある意味、自分の弱みを見せているようなものだと思います。こんな辛い思いがあって、それをこうやって克服した。でも、それをきちんと伝えることで、お客さんとの信頼関係（ラポール）を築き上げることができるのです。

そして、二つ目のポイントは、きちんと治ったということを伝えることです。

もちろん、カウンセリングを受けることで、すべての悩みが解決できるわけではありません。でも、「自分はこれで治りました」と自信を持って伝える。それができなければ、お客さんは絶対に買ってくれません。

でも、そう言うと、「実はまだ私、治ってないんです」そんな思いが湧いてくる方もいらっしゃるかもしれません。

実は私も、今では、「一回のヒプノセラピーで治った」と言っていますが、最初はそう言い切るのに不安がありました。というのは、私は突然パニックになるパニック障害を克服したのですが、たとえば、このパニック障害はいつ来るかわからないのです。だから、治っていない時は、いつも不安でした。「またなったらどうしよう」そんなフレーズが、私の頭の中を何度も何度も行き交いました。そして、それがひどくなると、本当にパニックになっていました。

この、「またなったらどうしよう」というのを心理学的には、予期不安というのですが、正直に言うと、私はヒプノセラピーを受けた後も、この予期不安はありました。だから、本当に治ったという自信がありませんでした。でも、私はそこで、「たった一回のヒプノセラピーでこのパニックを克服した」そう言い切ったのです。

「また、なったらどうしよう。また、なったらどうしよう」そうやって、何度も自分の頭の中で考えているから、なるのがパニック障害なのです。他の精神的な問題も、ほとんどが頭で考えて、そして、その不安を現実にしてしまっている。

これはカウンセリングだけではなく、コーチングのクライアントで夢を叶えたいという人でも同じだと思います。「うまくいかなかったらどうしよう」――そんな不安が、うまくいかないという現実を作っているのです。

だから、もし、今自分が本当に治っているのか、本当にうまくいくのか不安があっても、あえてそれを言い切るのです。言い切った時、はじめてその予期不安を本当の意味で克服できるのです。

さて、長くなりましたが、無料相談のやり方はご理解いただけましたでしょうか?

きちんと自分のやり方を作ってパターン化する。これが大切です。でも、当然ですが、完壁になってからやろうと思っても、頭で考えているだけでは完璧にはできません。だから、まずはうまくいかなくてもやってみるのです。

トライアンドエラーが、無料から有料へ導く大切なポイントです。ぜひ、あなたも無料相談を作ってみてください。必ずうまくいきますので。（言い切る！）

4 有料の一回客に向けた商品を作る

無料一回客に向けた商品「無料相談」についてお話ししてきましたが、もう一度、ここまでの流れをお伝えすると、まず自分が、どんな人のどんな悩みを解決できるのか、ポジショニングを設定するということでした。

そして、その悩みを解決できるステップメールを作る。そうすると、ターゲットとなる人が興味を持ってくれて、そのステップメールに登録してくれる。

そして、さらに、その見込み客に、メルマガを送っていくことで、自分の存在をその見込み客の頭の中にインプットしていくのです。

さらに、その見込み客に何かが起きた時、いつでも対応できるよう、無料のコンテンツ（無料相談）を準備する。

ここまでの話を聞いて、こういうやり方見たことあるな、という人も多いと思います。

よくありますよね。見込み客が興味を持つ内容のステップメールを作って、無料の説明会に誘導し、そして、バックエンド商品（最終的に販売する商品）として高額商品を販売する。

もちろん、ポジショニングによっては、そうやって高額商品を提案することで、クライアントの悩みを解決できることもあると思いますが、でも、このやり方をやっている人の多くが、高額商品を煽って売る形になっています。「今だけ安い」「〇名限定」「先着〇名のみ豪華特典が……」などなど、購買意欲を掻き立てて販売するのです。

少し話がズレますが、こうして顧客の購買意欲を掻き立てる方法はいろいろあります。

たとえば、「アンカリング効果」という言葉を聞いたことはありますか？

人は、最初に目にした情報を後々まで引きずるという傾向があると言われています。だから、第一印象を強烈にすることで、それがよいものであると印象付けることができるのです。つまり、第一印象を強烈にすることで、サービスや商品を継続的に「よいもの」と思わせることができるのです。

よく「人気Ｎｏ１」や、「選ばれ続けて何十年！」といった見出しを見たことがあると思いますが、これがアンカリング効果を狙った方法です。

他にも、「権威への服従原理」という原理を利用した購買意欲を掻き立てる方法があります。

これは、人は権威あるものからの情報を受け入れやすいという心理で、「〇〇大学の教授が推薦！」といったキャッチコピーを見ると、ついつい「よいものだ」と信じて買ってしまう。ひょっとすると、あなたも経験があるかもしれません。

他には「カリギュラ効果」という心理現象があるのですが、たとえば、「これは見てはいけません」そう言われると、何だか見たくなりませんか？　人は禁止されるとついついやってしまいたくなるのです。だから本当に読んでもらいたいものには、「興味ある人以外はクリックしないでください」などと書くと効果的で、ついつい読んでみたくなるのです。

こうして、購買意欲を掻き立てて商品を販売する。私はこの方法が悪いとは思わないし、本当に必要としている人に商品を届けるためには、このような方法を駆使してでも相手に情報を伝えていく必要があると思います。

でも私は、とくにカウンセラーやセラピストなど、悩み解決のための個人セッションを行なっている人は、この段階でいきなり高額商品を販売するのはちょっと違うと思っています。

なぜなら、まだ高額商品を売る準備ができていないからです。

高額商品を販売するためには、何よりそれを買う人との信頼関係が大切です。でも、この段階では、まだその信頼関係が構築できていないからです。

無料相談でやっと自分の悩みの原因が「自分の中にある」そう気づいた状態がこの段階です。だから、まだお試しの段階なのです。ここで、いきなり高額商品を煽って売っても、よい結果は出ないし、せっかく構築してきた相手との信頼関係を崩してしまうことにもなりかねません。

私は、お試し商品を提供するのは、クライアントのためだけではないと思っています。カウンセラー側から見ても、まだこの段階ではクライアントがどんな人なのかわかりません。ひょっとすると、言い方は悪いかもしれませんが、「変なお客さん」かもしれないのです。だから、売る側としてもきちんと相手を見極めなければなりません。

私は昔、コーチングを覚えた当初、とにかく売上げが欲しくて、誰彼構わず「コーチングを受けませんか？」と声をかけていました。正直、この人きっと無理だな（まだ結果が出る段階ではない）と思う人やこの人嫌だな（関わりたくないな）という人でも、とにかく売上げが欲しくて、コーチングを販売していました。

でも、そうやって売った人は、間違いなく結果は出ないし、自分と合わずクレームになることも多かったのです。

もちろん、この人の役に立ちたいと思って一所懸命やっても、クライアントの結果が出ないことや、クレームがつくこともあるかもしれません。でも、本気で自分がこの人の役に立ちたいと思って受けた仕事であれば、クレームがついても納得できるし、何より、きちんと結果も出るし、クレームなんてつけてこないはずです。

有料の一回客に向けた商品は、もちろんクライアントの悩みを解決するための商品です。でも、同時にそのクライアントと本当に関わってよいのか、それを判断するための商品でもあるのです。

それを理解した上で、まずは一度自分の商品（カウンセリングやコーチング）を体験してもらう必要があるのです。

【有料一回客に向けた商品のポイント】

●この段階で高額商品を煽って売ってはいけない。

●お試し商品は、クライアントのためだけにあるものではなく、カウンセラーやコーチなど与える側がクライアントを判断するための商品である。

5 有料の一回客に向けた商品の価格設定のポイント

有料の商品を提供するときに、悩むのがその価格設定です。実は、この無料から有料へという間にはものすごく大きなハードルがあります。

当然ですが、クライアントの中には、「無料だから受けた」という方もいらっしゃいます。でも、無料の商品をいくら受けても、それでお客さんの悩みが解決することはありません。

こっちの無料、あっちの無料と無料セッションを繰り返し受けても効果はありません。つまり、時間の無駄なのです。

だから、私たちは、きちんと無料から有料（効果があるセッション）へと導く必要があるのです。だからこそ、この最初の有料商品をいくらにするのか？　そこはしっかりと考えなければならないのです。

ここで大切なのは、きちとした価格を提示して受けていただくということです。たとえば、自分の商品が一回一万円のカウンセリングであれば、きちんとその価格を提示して買うかどうかを判断してもらうのです。

ここで、通常は一回一万円だけど、最初だからその半額……などと価格を下げて提示してはいけません。なぜなら、通常のカウンセリングやコーチングは一回だけですべてが解決するものではないからです。つまり、この一回が終わった後、きちんとリピートしてもらう必要があります。それなのに、この一回を受けてもらいたいがために価格を下げて提案していたのでは、次のリピート商品もさらに価格を下げなければならなくなるからです。

しかし、きちんとした価格を提示すると言っても、その「きちんとした価格」がいくらなのか、それが決められない、という方が結構多いと思います。。

私の場合、最初に価格を設定した時、どんなことを考えて設定したかと言うと、自分の先生が一回一万五千円でカウンセリングを提供されていました。ということは、先生に比べたら私のカウンセリングは技術が劣る。だから、先生のような金額は提示できない。もっと安くしよう。そう考えて、「一回一万円」に設定しました。でも、正直全然売れませんでした。

無料相談を終えて、本セッションの価格を提示します。「一回一万円です」そうすると、急にクライアントの顔色が変わり、そして、「今回はやめておきます……」と言われるのです。

そこで私がとった行動は、さらに価格を下げるという行動でした。一万円で売れないなら、もっと安くしよう。「一回六千円」、これでも売れないから「三千円」、それでもダメだから「二千円」……。

こうなると、当時レンタルサロンを使ってセッションを行なっていたので、そのサロン代さえ出ない。そんな状況になりました。

でも、私はこういう体験を通して二つ気づいたことがあるのです。まず一つは、私はその頃、「安くすればお客さんが来る」と思っていました。でも、それは私の勝手な思い込みだった、ということです。いくら安くしてもお客さんは来ませんでした。逆に、私と同じことをやっている人で売れている人の価格を見てみると、私より遥かに高いのです。安い私は売れなくて、高い価格の人は売れていたのです。

そして、二つ目は、私は価格設定に迷い、高くしたり安くしたり、同じ商品なのに何度も価格を変えて販売していました。でも、やることは同じでした。だから、安くしても効果は変わらない、そう思っていたのです。

でも、高く販売した人と、安く販売した人、その後の結果を見ると、明らかに高い金額を出した人の方が効果は高かったのです。

【価格設定の二つのポイント】

●価格は安いほうが売れるというのは幻想である。
●同じ商品を提供しても、価格によって効果が変わる。

では、なぜこんなことが起こるのでしょうか？

実は、この「安くすれば売れるという幻想」と「価格によって効果が変わる」という二つは、密接に絡み合っているのです。

というのは、人は価値を判断できない動物なのです。

たとえば、私のカウンセリング。このカウンセリングの価値がどのくらいのものなのか、あなたにわかりますか？

「どういうこと？」と思われるかもしれませんが、人は、そのものの価値を直接感じることはできません。だから、「私のカウンセリングは一回五千円です」と言えば、『五千円なんだ』と思うし、「私が一回一万円です」と言えば、『一万円なんだ』と思うはずです。

もちろん、その価格を聞いて、高いと感じる人、安いと感じる人はいるとは思いますが、それは、相場の価格と比較して判断していたり、その人の懐具合によって感じ方は変わってくるのです。つまり、直接、そのもの自体の価値を感じて判断しているわけではないのです。だから、提示された価格でその価値を判断するのです。

たとえば、百均でハンドクリームを買ったとします。あなたはそれを使っていましたが、ある日、そのハンドクリームが見当たりません。「あれ？　どこにいったかな？」でも、多分あなたは、「なくなってしまった。どうしよう……」と、そんなにあせることはないと思います。きっと、「また百均に行った時買おうかな」そんな程度ではないでしょうか。

でも、ある日友達が、一本十万円のハンドクリームを使っているのを目にしました。「えっ、十万円もするの？」と話を聞いてみると、その友達は、そのハンドクリームのすごさを伝えてきます。「本当にこれすごいんだよ……」

それを聞いたあなたは、そのハンドクリームを使いたくなります。でも、十万円は無理だな、そう思った時、その友達が、「実は、あと一本予備があって、あなたにはいつもお世話になっているからこれプレゼントするわ」と、そのハンドクリームをプレゼントしてくれたのです。

さあ、あなたはその十万円のハンドクリームを使い始めました。ここでちょっと考えてみてください。いつも使っていた百均のハンドクリームと、その十万円のハンドクリーム。あなたの使い方は同じだと思いますか？

きっと、違うはずです。百均のハンドクリームだったら、どこかにいっても気にもなりません。でも、十万円のほうは、そんな使い方はしないでしょう。きっと、大事に使うはずです。最後、ハンドクリームが少なくなって、なかなか出なくなってきたら、ハサミでそのチューブを切ってでも、とにかく、最後の最後までしっかりと使うはずです。

つまり、その提示された価格により、人は行動が変わるのです。

もう一度言いますが、人はそのもの自体の価値を直接感じることはできません。だから、その価格によってその価値を判断するのです。

先ほど、カウンセリングも価格によって効果が違うという話を書きましたが、つまり、安いカウンセリングはそれだけの価値しかない、そう判断されているのです。だから、クライアントも本気になれない。

ということで、私たちは価格を決める時、クライアントが本気で自分を変えると思える価格をきちんと提示しなければならないのです。クライアントのために高い価格を設定する。

あなたの価格設定、ただ安いだけのものになっていませんか？

6 お客さんにリピート商品を売る方法

適正な価格を設定し、有料の商品を販売する。これは、無料相談さえうまくいけば、かなりの確率でできるようになります。

でも、大切なのはこれからです。というのも、カウンセリングやコーチングなどは、「一回受けたからすべてが変わった」などということはまずありません。

クライアントは、何十年もかけて今の自分を作ってきました。でも、残念ながら、作り上げた現実に苦しんでいる。ということは、その人生をしっかりと見直し、変えていく必要があるのです。何十年もかけて作ってきた人生。これをたった一回のセッション（カウンセリングやコーチング）で変えてしまおうなんて、ある意味おこがましいでしょう。

だから、お客さんにきちんとリピートしていただき、自分の人生を変えてもらわなければならないのです。

ここで大切なのが、まずは自分の商品（カウンセリングやコーチング等）を何回受ければ、お客さんによい結果を提供できるのか？　それを提供する側がきちんと把握しておくことです。

これを把握できていなければ、お客さんに納得してリピート商品を買っていただくことはできません。

というのが、私の場合、ヒプノセラピーをやっていますが、無料相談から、最初の有料のヒプノセラピーを受けていただいた方には、その後、5回のヒプノセラピーを受けませんか？と5回継続の商品を提案しています。

もちろん、この5回の商品を提案する人は、一回有料を受けていただいて、その効果を自分で感じ、喜んでくれた人。そして、提供する側の私が、この人のためなら、もっとやってあげたい。人生を変えるお手伝いをしたい。そう思った人だけに提案するのですが、だとしても、お客さん側から見れば、なぜ5回受けないといけないのか？　よくわからないと思います。だから、ここできちんと5回受ける理由を説明し、納得していただかないとならないのです。

では、どうすれば、5回のリピート商品（継続セッション）を買うと決断してもらえるのか？

私たちの商品は基本「形」のないものです。だからこそ、きちんと理解していただき、継続セッションを受けた後の自分がどうなるか、それをしっかりとイメージしていただけないと、リピート商品が売れることはありません。

私の場合、先ほども書いた通り、5回のヒプノセラピーをひとつの商品として提案しているのですが、その5回のリピート商品を受けると決めていただいた人には、その場で、「では1回目のセッションはいつにしましょうか?」と日程を決めてもらいます。

そして、1回目が終わった時、クライアントに「次はいつにしますか?」と言って、2回目の予約を取ります。こんな形で、どんどんリピートしていただきます。2回目が終わったら、「3回目はいつに?」と。3回目が終わったら、「4回目はいつにする?」そんな感じです。

そして、4回目が終わった時、「次が最後のセッションになりますね。最後のセッションいつにしましょうか?」と声をかけていきます。でも、この最後のセッションの日程を決める時、実はよく言われるフレーズがあるのです。何と言われるのか?

それは、「先生、実は私今、悩みがないんです。だから、この最後の一回のセッション、取っておいていいでしょうか?」と言われるのです。

これまで無料相談から、有料の単発ヒプノセラピーを受けて、そして、継続セッションを4回受けた。その結果、今の自分に問題が見つからない。悩みがない状態になっている。

私はそう言われると、「もちろん、大丈夫ですよ。また、何かあった時、いつでも声をかけてください」と、そうお伝えしています。

実際、今も、こうしてセッションをキープしている方が、数名いらっしゃるのです。この経験を通して、私は一つ気づいたことがあるのです。

無料相談から、有料のヒプノセラピー、そして、継続セッション。私はそのクライアントと100日間ほど、関わらせていただきました。その間、クライアントは、しっかりと自分自身を見つめ直し、自分を変えることに取り組んでこられた。それができると本当に人は変わります。

私はこれまで、千人を超える方にセッションを行ない、その方の変わる瞬間に立ち合わせていただきました。そこから気づいたこと。それは、「私と100日間、付き合っていただければ、絶対に人は変わる」ということです。

本当に、みなさん、悩みがない。今の自分が大好き。そんな状態になっておられるのです。

……と、有料の一回セッションを終えた方にお伝えするのです。

月に2回、それを5回、最初の無料セッションから数えると、約100日。100日間私と付き合うと変わる。そうしっかりとお伝えするのです。

実は、無料相談、そして、有料の一回セッションと、二回もしっかりとお話しすると、クライアントの中にある問題が一つではないことがわかります。

「今回のセッションでは、お母さんとのやりとりがテーマとなったけれど、お父さんとも引っ掛かりがあるよね」「今回は、お金をテーマにお話ししたけど、そもそも、人と関わることがすごく苦手だよね」などなど、人は本当にたくさんの悩みを抱えて生きているのです。

でも、この100日間で本当に自分も変わるかもしれない……。

そうやって変わった自分をしっかりとイメージできた時、はじめてクライアントは、継続セッションを受けたいと思っていただけるのです。

大切なのは、自分のリピート商品（継続セッション等）を受けた後、クライアントがどんな状態になるのか、それをしっかりと把握して、きちんと覚悟を持って伝えることです。

「100日で変わる」と、私はお伝えしています。そう言うからには、絶対にクライアントの悩みを取り去る必要があります。もちろん、私たちカウンセラーが人を変えることなんてできません。でも、その商品を提供するのであれば、絶対にクライアントにそうなってもらうんだ、という強い覚悟が必要なのです。

継続セッションは、単純にやり方や資格を持っているというだけでは絶対に売れません。クライアントは、高いお金を出して、提供する側の「覚悟」を買うのです。

だから、本気で、自分の継続セッションの効果を探り、それを自信を持ってお伝えするのです。それができた時、初めて、高いセッションも買っていただくことができるのです。


【リピート商品を買ってもらうための二つのポイント】

●まずは、自分のリピート商品を買ってもらったクライアントが、どのような結果を得ることができるのか、提供する側（カウンセラー、コーチ等）がしっかりと把握すること。
●クライアントがイメージする結果を必ず提供する。そうしっかりと覚悟をすること。

4 章

心のブレーキを解除し、高額商品を作ろう！

1 高額商品を販売するときに現われる二つの壁とは？

これまで、どうやってクライアントを取っていくのか、個人セッションでお客さん（以下クライアント）を集める方法を書いてきました。ここまで読み進めてみていかがでしょうか？

私は、個人セッションでクライアントを集めるためには、まず個人セッションを提供する側（カウンセラーやコーチ等）が、どれだけクライアントのことを考えているか、それが一番大切だと考えています。

本気でクライアントのことを考えて、自分にできる最高の商品を提供していく。それがなければ、まず無名な私たちに、お客さんがつくはずがないのです。

世の中には、ごまんとカウンセラーやコーチはいます。もちろん、そこにはテレビに出ているような有名な方もいます。でも、その誰でもなく、自分を選んでもらわなければならないのです。それが、お客さんを取るということなのです。だから、最低条件として、本気でクライアントのために全力を尽くす覚悟が必要なのです。

しかし、この覚悟がなかなかできません。私自身、カウンセラーとして活動を始めた頃、どんなことを考えていたかというと、個人セッションをするにあたって、「うまくいかなかったらどうしよう……」「失敗したらどうしよう…」と、そんなことばかりを考えていたのです。

その状態の自分を、今冷静に見つめてみると、うまくいかなかったら……、失敗したら……、何か文句を言われるのではないか？　と、自分のことばかりを考えていたことがわかります。

つまり、本来クライアントに向くべきベクトルが自分に向いていたのです。

その頃の私は、正直まったくクライアントがいませんでした。ほとんど売上げも上がらなかったのです。そして、たまに来たクライアントからはよくクレームを付けられました。当時の私は、「なんて嫌なクライアントだ」などと思っていたのですが、中途半端な思いでクライアントを集めようとすると、そうやってなかなか思うようにはいかないのです。

しつこいようですが、まずは、自分を選んでいただいたクライアントのために全力を尽くす覚悟をすること。それがなければ、個人セッションはできません。

そして、もうひとつ、これまで話してきたように、クライアント一人ひとりの状態に合わせた商品を作り、それをわかりやすく伝える仕組みを作っていく。それができて初めて、カウンセラーやコーチとしての売上げが上がるようになるのです。

しかし、残念ながら、この個人セッションだけでは売上げの規模はかなり小さいのが実情です。もちろん、個人セッションだけでもサラリーマンの給料を上回る売上げを上げることはできますが、売上げを大きく伸ばそうと思ったら、活動の時間を増やしていかなければなりません。つまり、どんどん忙しくなるのです。

そこで、ある程度個人セッションの集客ができるようになると、次のステップに進む必要があります。それが、カウンセラー養成講座などの高額商品です。

2章でご紹介したピラミッドでいうと、ここがＶＩＰ客になるのですが、これを売れるようになって初めて、売上げが安定してきます。

多分、これを読んでいるあなたが学んだ先生も、個人セッションからはじめて、そして、養成講座へと進まれたはずです。そして、そこにあなたがお客さんとして参加した。つまり、あなたはあなたの先生のＶＩＰ客ということになりますね。

しかし、実はこの高額商品を売るには、二つの大きな壁が存在するのです。その一つが、ここまで書いてきた、個人セッションで集客できる状態が作れているかということです。

お客さんがいない人、実績のない人から何かを学ぼうとする人はまずいません。だから、まずはここまでの段階を作り上げる必要があるのです。それができなければ、養成講座を開講しても誰も来てくれないのです。

そして、もう一つ。ここがまた大きな壁になるのですが、それは、自分のメンタルブロックを解除する必要があるということです。

「メンタルブロック」とは、何かしようと思っても、「自分には絶対無理だ」などと考えてしまう思い込み（意識の壁＝抑止・制止する考え方）のことを言うのですが、この二つの壁をクリアできた時、はじめて高額商品が売れる自分になれるのです。

実際私は、この二つの壁をクリアできた時、それまでまったく売れなかった高額商品（心理カウンセラー養成講座等）が売れるようになりました。というか、この二つの壁さえ乗り越えることができれば、本当に簡単に高額商品が売れていくのです。

2 高額商品を販売する方法（たった一言で売れる高額商品）

では、実際、私がどうやって高額商品を売っていたのか、をまずはご説明しましょう。

3章でも書きましたが、リピート客をとる時、まずは、それを受けた後の自分がどうなるのか、どんな結果を手に入れることができるのか、を明確に伝える必要がある、と書きました。

私の場合、5回の継続セッションを受けた後、ほとんどの人が悩みのない状態になる、ということでしたね。この継続セッションを受けてくれた人に向けて販売する商品、それが高額商品（私の場合、心理カウンセラー養成講座等）になるのですが、私はこの高額商品を販売する時、いつも同じ言葉でその人にアプローチします。

実は、たった一言でその高額商品を売ることができるのです。どんな言葉で高額商品を販売するのか、それは、たった一言「こっち側に来ないかい」というものです。

どういうことかと言うと、リピート客として、私の継続セッションを受けてくれた。そして、これまでの自分が大きく変わり、悩みがない状態になった。だから、今度はあなたが心理カウンセラーになって、あなたの経験をたくさんの人に伝えていってください、と言うのです。すると、多くの人が、私もやってみたい。そんな思いを持っていただけます。そして、心理カウンセラー養成講座に参加してくれるのです。

私がまったく売れなかった頃、お金が欲しいために販売しようとしていた心理カウンセラー養成講座は、誰からも買っていただけませんでした。しかし、それとまったく同じ商品でも、それを活かすことができる人に提案することができれば、それが高額であっても自然と売れていくのです。

いかがでしょうか？　この本を読んでいただいているあなたも、きっとどこかでカウンセラーやコーチとしての勉強をされたことだと思います。その時のことを思い出してみると、やはり自分の問題を解決できたからこそ、その講座に申し込もうと思われたのではないでしょうか？

もう一度整理すると、まずは見込み客を集め、そして、そこに無料の商品を提供する。そこから、有料の一回セッションへと進んでいただき、そして、その人に継続セッションを提案する。そして、その継続セッションが終わって自分の悩みを解決できた人に、はじめて高額商品である養成講座等を販売する。

私はこうして、これまで多くの人に私の高額商品である心理カウンセラー養成講座にご参加いただきました。この仕組みをしっかりと構築していくのです。それさえできれば、本当に高額商品も売れていくのです。

そして最後、ピラミッドの一番上になりますが、VIP客の次、超VIP客が残っています。高額商品である心理カウンセラー養成講座を買っていただき、それを終了された人に私は、「これからカウンセラーとしてがんばってくださいね」と言って、その方を送り出します。そうすると、その方も「自分の経験を活かし、カウンセラーになるんだ」と、意気揚々と私から卒業されていきます。でも、しばらくすると、「先生、お客さんってどうやって取ればいいのですか?」と、また私のところに戻って来られる方が多いのです。

カウンセラーとしての技術は学んだ。もうそれができる自分になった。でも、肝心のお客さんが集まらない……。

技術を習得することと、お客さんを集めること。実はこの二つには大きな違いがあります。「技術があればお客さんは来てくれる」と勘違いしている方も多いのですが、実はそうではありません。お客さんを取る側に回るには、またそこで違う勉強が必要になってくるのです。

だから私は、そうやってお客さんを集める方法を知りたいと来られる方を超ＶＩＰ客と定義して、その方に、コンサルティングという商品を提案していくのです。

ここまでできて、自動集客装置のピラミッドの一番上までの完成です。

自動集客装置が完成すれば、後はやることはただ一つ！　そう、「見込み客」を集めるだけでいいのです。それができれば、自然と高額商品まで売れていくのです。

きちんとこの仕組みができ上がれば、このＶＩＰ客、超ＶＩＰ客だけで、収入の８割を確保できるようになります。だから、せっせと個人セッションで人を集める必要もなくなるのです。

いかがでしょうか？　私が提案する自動集客装置のピラミッドをご理解いただけましたでしょうか？

しかし、この仕組みが作れたとしても、先ほど書いた、二つの壁を乗り越えることができなければ、それが売れることはありません。では、どうすればこの二つの壁を乗り越えることができるのでしょうか？

3 集客の二つの壁を乗り越える方法

見込み客から、超ＶＩＰ客まで、それぞれに合った商品を作る。そして、そこに進んでいけるようにきちんと誘導していく。それができれば、本当に何もしなくても売上げを上げることができるようになります。

しかし、どうでしょうか？　これを聞いて、「じゃあ、見込み客を集めるためにメルマガを始めよう」と、すぐに行動に移せるでしょうか？

私は今、年間四百人ほど個人コンサルを行なっています。セミナーにも、同じくらいの人に集まっていただいています。そして、多くの人にこの内容をお伝えするのです。そして、同じくらいの人に集まっていただいています。

でも、この最初の段階のメルマガを作る人が、その中でどのくらいいるのか？　実は、ほとんどの人が、最初のメルマガを作ることさえしないのです。なぜ、そんなことが起こるのでしょうか？

なぜ、「集客にはこの仕組みが必要だ」と知っても、実際にそれを作ろうとしないのか？

聞いてみると、そこにはいろいろな理由があります。
●今、メルマガをはじめても、何の実績もないので誰にも読んでもらえない。
●忙しくてメルマガをはじめる時間がない。
●メルマガに書くネタがない。
●続けられるかどうか不安、などなど。

その人その人の状況があり、今はまだできない。

いかがでしょうか？　これを読んでみてどう思われますか？

「実績がないから始められない」ということだけど、しっかりと実績があれば、こんなことする必要がないですよね。実績がないからこそ、始めなければならないのです。

そして、そもそもですが、見込み客がいなければ、絶対に実績を作ることはできないのです。

「忙しいからできない」たしかに、忙しいのでしょう。でも、よく考えてみてください。1日24時間、これはみんな同じなのです。忙しいからできないという人は、この24時間の中に、メルマガを書く時間は入れられない、そう言われているのです。つまり、これをすることの優先順位が低いということです。優先順位さえ上げれば、絶対にできないことはない。

などなど、はじめられない理由を一つひとつ見ていくと、その理由は、「じゃあ、仕方ないね」と納得できるようなものではないのです。すべて、自分でやらないことを決めているというだけなのです。

成功するためにやるべきことは、きちんと理解できた。もう成功までの道はわかった。あとはただその道を歩いていけばいい。でも、ほとんどの人が、その道を歩こうとしないのです。

なぜ、こんなことが起こるのか？　それは、先ほど書いた「メンタルブロック」が大きく影響しているのです。

さて、これからこのメンタルブロックについてお話をしていくのですが、その前に一つ確認します。先ほど、「高額商品を売るには、二つの大きな壁が存在する」と書きました。ひとつは、「個人セッションで集客できる状態を作れているか」ということでしたね。そして、もうひとつがメンタルブロック。

でも、ひとつ目の壁であるリピート客までを集めることができるようになるには、ここまで書いてきた見込み客集め、そこから無料の一回客、有料の一回客、そして、リピート客と順を追って進めていけば、誰でもできるようになるのです。

しかし、誰でもできるようになるけれど、多くの人がそれをしようとしないのです。つまり、二つの壁と書きましたが、実際は、たった一つ、このメンタルブロックさえ取り除くことができれば、この集客の仕組み（見込み客から超VIP客までの仕組み）は簡単に完成し、売れるカウンセラーやコーチになることができるのです。

4 売れるカウンセラー・コーチになることを阻むもう一人の自分

それではここでもう一度、メンタルブロックとは何か、を確認していきます。

「メンタルブロック」とは、何かしようと思っても、「自分には絶対無理だ」などと考えてしまう思い込み（意識の壁＝抑止・制止する考え方）ということでしたね。いかがでしょうか。これを読んでいるあなたにも、このメンタルブロックがありそうですか？

私は、これまでヒプノセラピーという心理療法を使ってたくさんの人の心と向き合ってきました。そして、コーチングという技法を使って、夢に向かって進んでいる人のサポートもしています。

その中で、こうして自分を変えたいと思うのに、なかなか変えることができないという人をたくさん見てきました。みんな心の底から、「自分を変えたい」と思っているのです。でも、どうしても次の一歩が踏み出せない。踏み出したとしても、それを継続できないのです。

なぜそんなことが起こるのでしょうか？　とちょっとエラそうに言っていますが、実は私にも同じような経験があります。

カウンセラーとして活動を始めた頃、よくこんなことを考えていました。

「まだ実績も少ない私が、高いお金をとるなんてとんでもない」

「お申し込みいただいた人が結果を出せなかったらどうしよう……」

「セミナーを募集しても、誰も来なかったらどうしよう」

「自分の経験したことのない悩みを相談されたらどうしよう……」などなど。

そして、次の一歩が踏み出せないでいたのです。

つまり、「やり方がわからなくて行動できない」のではなく、「不安や恐怖があるから行動できない」――実はこの不安や恐怖こそが、メンタルブロックの正体なのです。

しかし、いったいどこからこの不安や恐怖が来るのでしょうか？　実はこの不安や恐怖は、すべて私たちの中にいるもう一人の自分（潜在意識）が関わっているのです。

潜在意識という言葉をご存じですか？

実は、私たち人間には二つの意識があると言われています。一つは、顕在意識（けんざいいしき）という意識、そしてもう一つが、今書いた潜在意識（せんざいいしき）です。

顕在意識とは、見て・聞いて・判断する意識と言われています。たとえば、道路を横断する時、車が来ていないかな？　と右を見て、左を見て、もう一度右を見て……と幼い頃教わりましたね。

そして、車が来ていない、と確認してから横断歩道を渡る。こうやって、見て聞いて判断しながら、私たちは生きています。どこかに行く時、地図を見ながらあの角を右に曲がって、その先の信号を……といろいろ考えながら進んでいきます。これも顕在意識の働きです。

私たちはふだんから、こうしていろいろ考えながら生きています。この見て・聞いて・判断する。これが顕在意識の働きです。

それに対して、潜在意識とは何か？　「潜在意識」とネット検索すると、「潜在意識とは、過去の経験などによって無意識のうちに蓄積された価値観、習慣、思い込みから形成された、自覚されていない意識である。潜在意識の『潜在』とは『潜っていて見えないが存在する』といった意味合いの言葉である」と書かれています（Weblio 辞書より引用）。

「自覚されない」「潜っていて見えないが存在する」何か不思議な感じですが、たとえば、あなたはふだんどんな服装をすることが多いですか？　派手な服装だったり、地味目の服が好きだったり、これは人それぞれだと思います。でも、仮にあなたが、黒っぽい服が好きだとして、「今日はピンクの服を着てお出かけしてください」と言われたら、どう思いますか？

「えー、ピンク……」とちょっと嫌な感じがするのではないでしょうか？

街を歩いている人を見ていると、当然ピンクの服を着て歩いている人もいます。でも、「自分は、それは……」と、なぜだか抵抗を感じてしまう。先ほど、「潜在意識とは何か」の中で、過去の経験などによって無意識のうちに蓄積された価値観、習慣、思い込みから形成された、自覚されていない意識とありました。この無意識の価値観・習慣こそが潜在意識なのです。考えているわけではないけれど、なぜだかそれを選択してしまう。

さて、話を戻すと、カウンセラーやコーチとして、活躍したい、売上げをあげたい。そう思う思い。これは顕在意識の思いです。こうなりたい。そう私たちは頭で考えます。でも、これまでそうやって自分で稼いだ経験がない人は、今までとは違うことをやることになります。しかし、これまでと違うことをしようとすると、この潜在意識が無意識のうちに抵抗して、行動にブレーキをかけてしまうのです。

行動できなかったら当然ですが、結果は出ません。では、どうすればこの潜在意識（メンタルブロック）に負けずに行動することができるのでしょうか？

それにはやはり、自然と湧き上がってくる価値観や習慣、思い込みを書き換える必要があるのです。先ほどの例で考えると、ピンクの服を着ることに抵抗を感じている人が、一度着てみて、「あれ？　私ピンクが似合うかも」そう思うことができれば、何の抵抗もなくピンクの服を着ることができるようになるのです。

潜在意識は、過去の経験などによって蓄積されたものです。だから、それを変えるためには、やはりその経験を覆す新しい体験が必要です。しかし、多くの人がその新しい体験をしようとしません。「食わず嫌い」という言葉がありますが、過去の経験（これは、実際には経験していなくても、誰かからそう教わった知識等も含みます）から、自分の行動にブレーキをかけてしまっている。

この本を読んでいただいているあなたは、「カウンセラーやコーチとしてこれから活躍していきたい」きっとそんな思いを持っておられると思います。であれば、やはり自分を変えていくことが必要です。今のままの自分で、結果だけ変えようとしても絶対に変わらない。

物理学者のアインシュタインは、「狂気とは即ち、同じことを繰り返し行ない、違う結果を期待すること」と言ったと聞いたことがあります。

「私、人前で話すのが苦手なんです」「そんなの恥ずかしくてできない」「そんな高い金額受け取れません」などなど、もし、今自分がそう思っているのであれば、その自分で何をやるかではなく、まずはその自分を変えることを決断してください。

潜在意識を書き換えて、自分の味方に付けるためには、まずその覚悟が必要なのです。その覚悟さえできれば、必ず潜在意識を味方につけて、活躍できる自分になることができるのです。

5 成功をさまたげる二つのメンタルブロックとは？

メンタルブロックとは何か、これについては、ご理解いただけたと思います。

では、実際に、カウンセリングやコーチングなどで起業しようと思った時、どんなメンタルブロックが、行動にブレーキをかけるのでしょうか？

私はこれまで、たくさんの人のサポートをしてきて、大きく二つのメンタルブロックが存在すると感じています。ひとつは、「集客・マーケティング」に対するメンタルブロック。

そしてもうひとつは、「お金」についてのメンタルブロックです。

集客・マーケティングに対するメンタルブロックとは、人に自分の商品（カウンセリングやコーチングなど）を販売する時、必要となるのがセールスです。でも、「セールス」と聞くと何だか嫌な気分になります。「セールスなんてしたくないな……」そんな気持ちが湧いてくる。

いかがでしょうか？「セールス」と聞いてあなたはどんな感じを受けますか？

売らないと売れない。当たり前の話です。たとえば、カウンセラーの勉強をして資格を取った。でもこれは、誰にも言わず内緒にしておこう、と自分がカウンセリングができるということを人に伝えなかったら、それは絶対に売れません。ここまで極端に言うとわかりやすいですが、結構これに近いようなことをしている人が多いのです。

ブログで無料カウンセリングを募集しました。でも、三日経ったけれど、誰からも反応がない。そんな状況になった時、「やっぱり、私じゃダメなんだ」と、早々にそのブログ記事を削除する。

初セミナーの募集を始めたけれど、知り合いにメールで案内するのはちょっと……と、ブログに書いただけでその他の行動を起こさない。

メルマガで講座の案内を送ったけど、何度も送るのはちょっと……と、たった一回募集をかけただけで二度三度と伝えられない。

売らないと売れないのはわかっているけれど、セールスするのは……。これが集客・マーケティングに対するメンタルブロックです。

そして、もうひとつのお金のブロックとは、たとえば、売上げを上げたいと思っているのに、安い価格で販売してしまう。たくさん稼ぐことは、悪いことのようなイメージがある。自己投資したいけれど、まず値段を見てしまい、買うことを躊躇する……などなど、お金に対してネガティブな感情を抱いてしまい、行動できなくなってしまうことです。

頭では売上げを上げたいと思っているのに、それを行動に移そうとすると、なぜだか行動にブレーキがかかってしまう。いかがでしょうか。あなたもこんな経験ありませんか？

いろいろな人の話を聞くと、本当に多くの人が、この「集客・マーケティング」そして、「お金のブロック」に行動をじゃまされてしまっているのです。

では、どうすれば、このメンタルブロックを解除できるのでしょうか？

前にも書きましたが、このメンタルブロックは過去の経験などによって蓄積されたものです。つまり、この「集客・マーケティング」、そして「お金」に対してネガティブな感情を持っているということは、簡単に言うと、何か勘違いしているということなのです。

だから、まずは正しい知識をインストールすることが必要です。そうだと思い込んでいたものが、そうじゃなかったんだ、と体験できれば、もうそのメンタルブロックがじゃまをすることはありません。

でも、その前にもうひとつ大切なことがあります。それは、自分がこれから「集客・マーケティング」、そして「お金」対する思いを本当に変えると決めることです。その覚悟が必要なのです。

実は、私たちの潜在意識には、恒常性（ホメオスタシス）という働きがあります。ホメオスタシスとは、簡単に言うと、「今のままを維持する」という働きです。

寒い冬、朝起きなければいけないと思いながらも、布団から出たくない。そんな経験をしたことがあると思います。まさにあれが、ホメオスタシス。「今のままいさせて～」という感覚です。

生物学的にも、「ケガをしたら、かさぶたができ、血を止め、傷が少しずつ消えていく」「日焼けして黒くなった肌が元の白い肌に戻っていく」「髪の毛や爪を切ってもまた伸びてくる」「腐ったものや毒物を食べると、吐いたり、下痢になって健康を維持しようとする」「風邪を引いて熱が出たときに、汗をかいて熱を発散させる」こうして、私たちの身体は、常に今の状態を維持しようとする機能が備えられているのです。だから、新しい知識を手に入れても、また元に戻ろうとする働きが起こってくるのです。だからこそ、何度も言いますが、「覚悟」が必要なのです。

「自分はカウンセラーとして、コーチとして本気で起業するんだ」「何が何でも売上げを上げるんだ」そうやって、潜在意識のホメオスタシスを乗り越える覚悟ができないと、絶対に稼げるようにはならないのです。

では、どうすれば、この覚悟ができるのか？……。

それは、自分が何のためにこの仕事をするのか？　それを明確にすることです。「本気で起業するんだ」と思ったとしても、何のために起業するのか？　「何が何でも売上げを上げるんだ」と決めたとしても、何のために売上げを上げるのか？　それが明確でないと、まずうまくいきません。

そして、それが、ただ自分のためということであれば、それもうまくいくはずがありません。自分がお金持ちになって、贅沢三昧な生活をするために売上げを上げる。そうやって、ベクトルが自分に向いている限り、成功することはないのです。

そもそも、ビジネスとは価値と価値の交換です。相手が価値あるものと判断してくれた時に、その価値に見合うお金を払ってくれるのです。だから、たくさん売上げを上げたいと思ったら、それ以上の価値を自分が提供しなければならないのです。

自分が、誰にどんな価値を提供できるのか？　それを明確にして、自分の提供する商品を待っている人に自信を持って販売する。それができれば、メンタルブロックもじゃまをすることができません。

逆に、価値のないものをだまして売ろうとしても、当然ですが、そこには後ろめたさが働きます。自分が提供する価値以上のお金をもらおうとしても、やはり人間として何か引っかかるものが出てくるのです。それが当たり前なのです。

だから、自分に素直になり、ただただ相手のためにどんなことができるのか？　それを徹底的に考えて、相手の望むものを提供する。それさえできれば、メンタルブロックにじゃまされることはないのです。

6 集客・マーケティングのメンタルブロックを解除せよ

自分が何のために仕事をするのか。その自分のあり方がしっかりとできれば、もうメンタルブロックを恐れることはありません。

しかし、恐れる必要はないと言っても、やっぱり「集客が苦手」「お金を受け取れない」など、そんな意識が自分にブレーキをかけてきます。そんな時必要なのが、誤解を解くことです。

前にも書いた通り、自分の中の勘違いに気づけば、そんなメンタルブロックは一瞬でなくなります。ということで、この章の最後にこの二つのメンタルブロックによくある勘違いについて書いてみたいと思います。

まずは、「集客・マーケティング」に対するメンタルブロックについてですが、集客が苦手だという人によくある勘違いは、「集客＝売り込み」である。そんな認識を持っているということです。

お客さんに買ってもらうためには売り込まなければならない。ここでいう売り込みとは、無理やり買わせるという意味ですが、「集客」と聞くと、何だか無理やり売りつけなければならないというようなイメージを抱く人がいるかもしれません。しかし、そもそもですが、無理やり売るなんて、できるはずがありません。

でも、どうでしょうか、たとえば、あなたの友達が車を欲しいと言っていたとします。中古車で予算はこのくらいで、車種も決まっていて、欲しい色までちゃんと決まっている。そんな話をあなたは聞いていました。そんなある日、ある中古車屋さんの前を通ったら、まさにそれと同じものがある。友達が買いたいと言っていたその車を見つけたのです。さあ、そんな時、あなたはどんな行動に出ますか？

きっと、友達に「探していた車があったよ」と伝えたくなるのではないでしょうか。そして、その友達にそれを伝える。友達はそれを聞いて、早速その中古車屋さんに行き車を購入する。そうなったら、その友達はあなたに何と言うでしょうか？　きっと、「ありがとう」と言ってくれるのではないでしょうか。

実は、集客とは、これと同じで、あなたのカウンセリングやコーチングを必要としている人に、「それ、私持っているよ」と伝えることなのです。だから、間違っても必要ない人に売ってはいけません。

いかがでしょうか？　そう考えると、ちょっとは楽になりませんか？

でも、そう言うと、自分の商品を待っている人なんているのだろうか？　そんな気持ちが湧いてくるかもしれません。

実は、私も最初は自分のカウンセリングに自信が持てず、それを待っている人がいるなんて思えませんでした。でも、ある時、「なぜ私はカウンセラーになったのだろう？」そんなことを考えました。

元々銀行員だった私は、正直、カウンセラーになる必要はなかった。毎月決まった日に給料をもらえる。ちゃんとボーナスも出る。土日も休みで好きなゴルフや魚釣りにも行ける。普通に暮らしていて、そしてカウンセリングを受ける必要なんてまったくなかった。

でも、そんな私が、突然、思いもしないパニック障害に襲われた。そこからカウンセリングに出会い、カウンセラーを目指すこととなった。あのパニック障害がなければ、絶対にカウンセラーになんてなっていません。そして、もちろん、望んでパニック障害になったわけではない。ということは、なったのではなく、ならされた。じゃあ、誰に何の目的でカウンセラーにならされたのか？

私は、そんなことを考えていた時、きっと神様が私に「カウンセラーになれ」と言ってくれているのではないか、と考えるようにしたのです。もちろん、神様がいるとかいないとか、そんなことは私にはわかりません。でも、きっと神様が、「今の世の中にはカウンセラーが必要だから、今泉智樹、お前がなって、たくさんの人の悩みを聞きなさい」そうおっしゃっている、と考えるようにしたのです。

そう考えたら、どうでしょうか、なぜ、神様が私を選んだのか？ 普通に銀行員をしていた私、それを神様が選んでくれた。ということは、やっぱり自分を待っている人がいるような気がしませんか？

そこから私は、世の中には、きっと私のカウンセリングを待っている人がいる。そう考えるようにしたのです。でも、その人たちは、まだ私のことを知らない。だったら、「私はここにいますよ」と大きく手を振って、私を探している人たちに私を見つけてもらわなければならない。

今、私は、集客・マーケティングとは、自分を待っている人たちが必ずいて、その人たちに自分を見つけてもらえるように、自分をアピールしていくことだと思っています。そう考えたら、その私を待っている人たち以外の人に、なんと思われようが関係がありません。

私は今、ヒプノセラピー（催眠療法）を専門としています。この催眠療法と聞くと、なんだか怪しいことをやっているのでは？　と思う人もいるようです。実際に、中学時代に仲がよかった友達から、ある日突然電話があり、私が何だか怪しいことをしているらしい、と実家のある町でうわさになっていると言われたこともありました。

でも、その人達は、私のことを待っているお客さんではないのです。だから、何と言われようが関係ありません。私は、ただただ、私を待っている人たちのために、自分の商品（ヒプノセラピーやコーチング）を売っていく。それだけなのです。

いかがでしょうか？　ここでちょっと考えてみてください。あなたはなぜ、カウンセラーやコーチになろうと決めたのですか？　きっとそこには理由があると思います。

あることがきっかけで、それに出会うこととなった。であれば、やはりあなたも選ばれた人。必ずあなたを待っている人がいるのです。その人のために、「私はここにいますよ」と大きく手を振って、あなたを探している人が見つけやすいようにしてあげる必要があるのです。それがあなたの集客・マーケティングなのです。

しつこいようですが、必ずあなたを待っている人がいます。その人たちのためにも、勇気を出して一歩を進めていきましょう。

7 お金のメンタルブロックには二つの種類がある

さあ、もう一つのメンタルブロック「お金」について考えてみましょう。

先ほども書きましたが、「売上げを上げたいと思っているのに、安い価格で販売してしまう」「たくさん稼ぐことは、悪いことのようなイメージがある」「自己投資したいけれど、まず値段を見てしまい、買うことを躊躇する」そんな、お金に対してネガティブな感情を抱いてしまうことを、お金のメンタルブロックと言うのですが、実はこのお金のメンタルブロックには二つの種類があるのです。

ひとつは、お金を「払う時」に感じるお金のメンタルブロックです。そして、もうひとつが、お金を「もらう時」に感じるメンタルブロック。

これから、カウンセラーやコーチとして活躍していこうと思ったら、この二つのお金のメンタルブロックを解除していく必要があるのです。

ということで、まずは、お金を払う時のお金のメンタルブロックについて考えてみましょう。

実は、先日もワークショップの中で、「お金のブロックがあって行動できない」という相談を受けました。話を聞いてみると、その人もカウンセラーだったのですが、セミナーに参加する時や買い物をする時、「損をするのではないか」そんな思いが湧いてきて、行動できなくなってしまう。ということでした。さらにくわしく聞くと、過去にお金で失敗したことがあり、何かをしようとすると不安が出てくる。だから、このお金のメンタルブロックを外したい。どうしたらいいでしょうか？

いかがでしょうか。あなたも同じような経験がありませんか？

「お金のメンタルブロックが働いて行動できない」でも私は、その質問を受けた時、すぐにこう答えました。「それは、お金のブロックではないですよ」

お金のブロックがじゃまをして行動できないと言われているのに、それはお金のブロックではない……。

実は、私も以前、まったく同じ経験をしたことがあるのです。フェイスブックでイベントの案内等をよく受けるのですが、その時、「面白そうだな」と思ったセミナーを見つけた。そして、「行ってみたいな」と思った。でも、私は次の瞬間、そのセミナーの案内をサーッと下までスクロールして探すのです。参加費を……。

そして、参加費一万円……。「高いな、ちょっとやめておこう……」その後、またFacebookでそのセミナーの様子を写した写真がアップされると、楽しそうに写っている人たちを見て、「やっぱり行っておけばよかった」価格を見てやめて、そして、あとで後悔する。

そんな自分が嫌で、実は私も、知り合いのカウンセラーに相談したことがあるのです。私が、先日のワークショップで受けた同じ相談を。

「お金のブロックがあって、受けたいと思ったセミナーに参加できない。だから、このお金のメンタルブロックを外したいんだ」と。

すると、その知り合いのカウンセラーは、「今泉さん、それはメンタルブロックではないですよ」そう言ったのです。

「いや、だって行きたいと思っているのに、参加費を見た瞬間、止めようと思うんだよ。まさに、メンタルブロックだと思うんだけれど……」

「いや、それはメンタルブロックじゃないよ。だって、今泉さん、私と一緒に心理カウンセラー養成講座受けたじゃないですか。もし、セミナーに参加しないのが、お金のブロックのせいであれば、あの講座には参加していないはずでは……。だって、あれもっと高かったし……」

その後も、「今泉さん車乗っているよね？　車って当たり前だけど、一万円以上するよね。もし、本当にお金のブロックというものがあり、それが原因でセミナーに参加できないのであれば、一万円以上する講座はもちろん、もっと高い車なんて買えるはずがない」

でも、私は参加を躊躇したセミナーの価格より高いセミナーに何度も参加し、高いものも買っている。要は、価格が高いという理由だけで参加しないのではないということなのです。

その後、その知り合いのカウンセラーに言われたのは、私自身、ちゃんと自分に必要かどうかを感じていて、そのお金を払うほどでないと判断して行っていないだけ。あるいは、判断して、必要な講座に参加している。お金のブロックという何者かわからないような話ではないんだ。そう言われたのです。

それを聞いて私は、確かにそうだな。と思いました。本当に必要だと感じたものは、借金してでも買う私。では、それはお金のブロックではない！

この話を、私のワークショップで質問してきた人にお伝えしました。すると、質問してきた人と一緒にワークショップに参加していた人が、横で笑い出したのです。「どうしたの？」と聞くと、質問してきた人と顔を見合わせながら、二人で大爆笑。

理由を聞いてみると、私にお金のブロックがあり行動できないと質問してきた人は、少し前に、「ポルシェ」を買ったということが判明しました。「いや、だって、どうしても欲しかったんだもん（笑）」

「お金のメンタルブロックが……」と言って、行動できない人の多くが、実は、本当はそれが自分にとって、そのお金を払うほど価値があるものではないと判断し、行動しないだけなのです。本当に必要なものは、ちゃんと自分でわかるのです。だから、まずは、そんな自分を信じてみる。それが大切なのではないでしょうか。

8 お金をもらう時に感じるメンタルブロックを解除せよ

さて、お金を払う時に感じるメンタルブロックという話をしましたが、今度は、もうひとつの「お金をもらう時に感じるメンタルブロック」について考えてみましょう。

この代表例が、「高い金額を受け取れない」という話です。たとえば、60分のカウンセリングを提供したいけれど、高い金額だったら誰も受けてくれないから、価格を下げて提供しようとする。こんな事例です。

これも、私自身、経験があるのですが、カウンセリングをはじめてすぐの頃、ブログを書きながら一所懸命集客をしていました。その時の価格は、一回一万円。なぜ一万円にしたかと言うと、私の先生が一万五千円だったのです。だから、それに比べたら、私のカウンセリングはまだまだ価値が低い。だから一万円。

でも、一万円で募集をかけてもまったく反応がありません。誰も申し込みしてくれない。その状況で私がしたことは、価格を下げることでした。

「一万円ってやっぱり高いよね。だから、もっと下げよう」そして、一回六千円にしました。でも、それでも全然来ない。もっと下げて、もっと下げて……。でも、どんなに価格を下げてもお客さんは来ませんでした。

「なぜお客さんが来ないんだろう?」といろいろ考えた結果、やっぱりまだ実力不足である、という考えに辿り着きました。だから、もっと、カウンセリングを上達しなければならない。でも、やはり実績を積まないとカウンセリングは上達しない。だから私は、まずは、無料でカウンセリングを行なって、実績を積もうと考えました。実績を積んでカウンセリングスキルが上がれば、きっと一万円でもお客さんが来てくれるのではないか。

ということで、まずは、友達や知り合いに「無料で練習させてくれ」と声をかけていったのです。さすがに、知り合いに無料でお願いすると、「いいよ」と言ってくれる人が現われました。そして、カウンセリングの実戦練習ができるようになったのです。

しかし、今でも忘れませんが、その後、七人連続でカウンセリングがうまくいかないという経験をしたのです。私は、ヒプノセラピー（催眠療法）という心理療法を専門としているので、そのヒプノセラピーを無料でさせてもらったのですが、やる人やる人、「催眠に入れなかった」「よくわからない」などなど、本当に全然うまくいかなかったのです。

そんな状況で、どうしたらいいのかわからなくなり、私は先輩にその現状を伝え、どうしたらいいのか聞いてみたのです。その時、先輩から最初に一言、「いくらでやっているの?」と聞かれました。だから私は正直に、「今は無料でやっています」と答えました。すると、先輩は「それが原因だよ」そう言われたのです。

その先輩曰く、「人はその提示された価格に応じて行動する。つまり、無料でやるということは、当然、相手はそこに価値を感じない。だから、付き合ってあげている。そんな感覚で本気で自分を変えようとしないんだ。だから、カウンセリングがうまくいかないんだよ」。

3章の価格設定の二つのポイントのところでも書いたように、人は価値を判断できないのです。だから、その提示した価格の価値だと判断してしまうのです。高いお金を払ったら、やっぱり元を取りたい。そう考えますよね。でも、それが無料であれば、自分を変えようとしないのは、当然の結果なのです。

だから、僕らに必要なのは、高い金額を提示して、それをきちんと理解していただくことです。高い価格を設定して、それを納得いただけたら、相手の行動が変わるのです。行動が変わることによって、自分に起こる出来事も変わってくるのです。だから、私たちのようなカウンセラーやコーチは、当然ですが、安い価格を提示してはいけないのです。高いからこそ、相手も本気になり結果も出るのです。

でも、どうでしょうか？「高くしなさい」と言われたらどんな気持ちになりますか？

「えー、私のカウンセリング、そんな価格では誰も……」「そんな価格をいただくほど私のカウンセリングは……」と躊躇する自分が出てきませんか？

クライアントのために、お客さんのためには料金を高く設定する必要がある。と聞いても、それができない時、よくその自分を見つめてみてください。前にも書きましたが、本来、カウンセラーやコーチは、相手のことをしっかりと思わないといけないはずです。でも、私には……と言っている人は、本来、クライアントに向かうはずのベクトルが、自分自身に向いてしまっているのです。

「そんなに高い金額をいただいて、うまくいかなかったら、なんと言われるか……」「もし、上手くいかなくて文句を言われたらどうしよう……」そうやって、自分を守ることにばかり意識が向いているのです。正直、それでは、カウンセラーやコーチは務まらないのです。

偉そうに言っていますが、カウンセラーを始めた当初は、私もそう思っていました。「安くするから許してくださいね」「無料だから、失敗しても文句言わないで……」そんな気持ちがどこかにあったのです。でも、自分のことばかりに目が向いているカウンセラーやコーチなんてまったく魅力がありません。それではダメなのです。

お客さんのために、高い金額を設定し、そして、その価格以上の価値を提供する。それができなければ、カウンセラーやコーチとして活躍することはできません。

私たちカウンセラーやコーチにとって大切なことは、まずはお客さんのために仕事をするということをしっかりと意識することです。そして、絶対にいただく価格以上の価値を提供するんだと決めること。その覚悟ができれば、もうお金のブロックなんてひとつも怖くありません。

さあ、覚悟はできましたか？　できたら、次の章から具体的にお客さんに自分を選んでもらうために何が必要なのかを見ていきましょう。価格以上の価値を提供できる自分になっていきましょう。

5章

集客の第一歩！
まずは「情報発信」にチャレンジしよう

1 情報発信は何のために行なうのか？　まずはブログを始めよう

これまで、どうやってお客さんを集めていくのか？　そのやり方や集客の仕組みづくりについて書いてきました。でも、残念ながらこのやり方がわかったとしても、それだけではお客さんは集まってきてはくれません。

私はセミナーを行なう時、始める前によく、「知っていると思わないでくださいね」と前置きします。「知っていると思わないで」というのは、たとえば、セミナーに何回も行かれている方やたくさん本を読んでいる人は、かなり知識や情報を持っておられるのです。だから、話を聞いていると、「知っている」ということがたくさん出てきます。ひょっとするとあなたも、この本をここまで読み進めてきて、「そんなの知っているよ」ということもたくさんあったかもしれません。でも、ここで「そんなの知っている」と思ってしまうと、そこで行動が止まってしまい、その先に行けなくなってしまうのです。

セミナーや書籍って、それ自体は情報を受け取る場所です。でも、こうやって情報をインプットしても、それで結果が出るわけではありません。

情報を得てから、それが結果につながるまでには、実は、四つのフェーズがあるのです。まず、最初のフェーズとして、その情報を知識として定着させる必要があります。いくらインプットしても、それが身につかなければ、すぐに忘れてしまい、結果にはつながりません。だから、しっかりと自分のものにすることが必要なのです。

しかし、知識として定着しただけでは、残念ながら結果は出せません。だから、次のフェーズとして、その知識を使う、つまり、行動する必要があるのです。しかし、行動したからといって、これもすぐに結果が出せるものでもありません。

しかし、行動することにより、そこに経験が生まれます。その経験をつなげていくのです。これができて、はじめて結果が出るのです。

情報↓知識↓行動↓経験↓結果　この段階を経て、はじめてお客さんが集まってくれるのです。ということで、本章では、第二フェーズの行動にフォーカスして話をしていきます。

行動しなければならない。これもみんな知っていることです。しかし、なかなか最初の一歩が踏み出せない。前にも書きましたが、さまざまなメンタルブロックがじゃまをして行動できないこともあるでしょう。でも、行動できない最大の理由は「何をしていいかわからない」ということです。情報はいっぱい得たけれど、じゃあ、何から始めればいいの？　そうやって、行動できない人が本当に多いのです。

ということで、ここでは、売れるカウンセラーやコーチになるためには、まず何をしなければならいのか、それを述べていきたいと思います。

売れるカウンセラーやコーチになるためには、まず何をしなければならないか？　それは、これまでにも書いてきましたが「情報発信」です。情報発信とは、簡単に言うと、自分がカウンセラーやコーチをやっているよ、ということを伝えることです。

前章では、自分は誰のどんな問題を解決できるのか、それを明確にしてメルマガ読者（見込み客）を集めることが必要と書きました。しかし、情報発信することが必要だといってメルマガを作っても、読んでくれる読者がいなければ、その情報は誰にも届きません。

だから、メルマガ読者を集めるためには、まずは、そのメルマガの存在を知ってもらう必要があるのです。

ちょっと、イメージしてください。あなたはメルマガを作りました。そして、それを多くの人に読んでもらいたい。そう思っています。では、それを読んでもらうために、あなたならどうやってメルマガを作ったことを伝えていきますか？

今、情報発信のツールはたくさんあります。インスタグラム、ツイッター、フェイスブックなどのSNS。他にもブログやホームページなどなど。

昔は、情報を発信するのは、四大メディアと言われた新聞、ラジオ、テレビ、雑誌などに限定されていて、個人が情報を発信することは、非常に難しかったのですが、今は当たり前に自分のメディアを持つことができるようになりました。だから、この自分メディアを使って情報発信をしていくのです。

しかし、自分メディアと言っても、本当にいろいろな種類があります。もちろん何を使ってもいいのですが、私はこれまでいろいろな情報発信のツールを使ってきて、それぞれにいろいろな特徴があり、役割が違うと考えています。

では、カウンセラーやコーチとしてこれから活躍していきたいという人が、まず初めにしなければならないのは何なのか？

私がお勧めするのは、ブログです。できれば、ホームページの機能も兼ね合わせた、ブログ兼ホームページが作れれば理想的です（以降、このブログ兼ホームページを「ブログ」と表現します）。

なぜなら、ＳＮＳでは発信できる文字数に制限があり、そして、ＳＮＳで発信した情報はどんどん流れていってしまい資産になりません。そして、そもそも自分とつながりのある人に情報を届けるツールであるため、情報の届く範囲が限定されます。

それに比べると、ブログの記事は、文字数の制限もなく、それ自体が検索に引っかかります。だから、過去に発信した記事もいつでも見ることができ、発信した記事数が増えれば増えるほど、それを見てくれる人も増えてくるのです。

だから、まずはブログを作り、そこでしっかりと情報発信を行ない、ＳＮＳを使って、その情報を拡散していくのです。こうやって、情報発信ツールそれぞれが持つ特徴を活かしていくことで、より多くの人に情報を届けることができるのです。

そして、もうひとつ、私がまずブログを作ることをお勧めするのには理由があるのですが、それは、ブログを作るためには、自分のポジションを明確にする必要があるということです。ブログを開設したことがある人ならわかると思いますが、ブログを作る時、最初にしなければならないのは、ブログのタイトルを決めることです。タイトルを決めるためには、そのブログに何を書くのか、それを決める必要があります。

そして、カウンセラーやコーチとしてブログを作っていこうと思ったら、プロフィールを書いたり、商品メニューを作ったり、いわゆるホームページに書いてあるような、固定の情報を発信していく必要があるのです。

つまり、ブログを作ることで、自分が誰のどんな問題を解決できるのか、そして、どのような形でそれを行なうのか、そして、それをやる自分がどんな人物なのか、それがまとまっていくのです。

ということで、では、そのブログを作るためにどこから手をつけていいのか、をご説明いたします。

2 ブログづくりの第一歩　ポジショニングを設定せよ！

これからブログを作っていこうと思ったら、まず初めにすることは、そのブログで何を書くのか、それを決めることです。何を書くかというと、カウンセラーの方なら、カウンセリングについて、コーチならコーチングについて書く、と思われると思いますが、「カウンセリングってこんなにすごいんだよ」「コーチングってこんなに素晴らしいんだよ」といったことを書いても誰も興味を持ってくれません。

だから、まずは、カウンセラーの方なら、自分のカウンセリングを受けることで、どんな人がどうなるか？　コーチングをやっておられる方なら、自分のコーチングを受けることで、どんなことが起こるのか？　それを書く必要があるのです。

1章では、これを「ポジショニング」と書きました。もう一度書くと、野球などのスポーツでは、守備位置のことをポジションと呼びます。ピッチャー、キャッチャー、ファースト、セカンド……この守る位置、これがポジションです。これと同じように、カウンセラーやコーチも自分の守る位置を明確にして、それを必要としている人にきちんと伝えていく必要があるのです。

1章でも書いたように、昔から日本にはカウンセリングやコーチングを受けるという文化がありません。

こういうことになったらカウンセリングを受ける。こうなったらコーチングを受ける。そんな基準が、私たち日本人にはインプットされていないのです。そんな状況で、「私は何でもできますよ」などと言われても、それを選ぶはずがありません。だから、明確に自分は誰のどんな問題を解決できるのか、それを伝えていく必要があるのです。

さあ、では、あなたは誰のどんな問題を解決できますか？

でも、そう言われると、「私にはそんな力はありません」「そんなのは無理です」と思う方も多いと思いますが、それは誤解です。この本をここまで読み進めてくれたあなたなら、必ず誰かの問題を解決する力が備わっているのです。

では、自分が誰のどんな悩みを解決できるのか？　どんな人の役に立つことができるのか？　どうしたらそれを見つけることができるのでしょうか？　大切なのは、自分自身の経験を見直してみることです。

では、ここでひとつ質問です。

「あなたは、どうしてカウンセラー（コーチ）になったのですか？」

私はコーチングをする時、必ず最初にこの質問をします。

そう聞くと、ほとんどの方が、自分の過去の経験を話されます。たとえば、夫婦関係がまったくうまくいかず、苦しい毎日から脱したいとカウンセラーに相談した。その結果、たくさんの気づきがあり、夫婦関係は元通りになった。だから、自分の経験を活かして自分もカウンセラーになりたいと思いました。

他にも、自分の子供が不登校になり、娘と一緒にカウンセリングを受けた。職場の人間関係がうまくいかず、何度も転職を繰り返し、そんな自分を変えたいとカウンセリングを受けた。カウンセラーの資格を取って独立したいと思ったけれど、全然お客さんが集まらなかったのでコーチングをお願いした、などなど……。

私自身も、カウンセラーを目指したのは、自分自身のパニック障害を克服できて、カウンセリングというもののすばらしさを体感し、それを多くの人に伝えたい。そう思ったからです。

自分のポジショニングを決める時、絶対に必要なことが、この自分の経験を見直すことです。しっかりと自分を見つめ直すと、何十年という人生の中で、たくさんの経験を積み上げてきたことが見えてくるはずです。だから、その経験をポジショニングに変えていくのです。

ポジショニングを設定することが大切である。そう言われて、じゃあ、何にしようかな？と考えて、今●●が売れているから、自分もそれをやってみようかな。こんな感じで、経験もない分野を自分のポジションとしても、その内容は当然薄っぺらなものになってしまいます。売れるカウンセラーになるために必要なのは、「何をするか」ではないのです。売れるカウンセラー・コーチの条件は、「何をするか」ではなく、「誰がするか」なのです。

カウンセリングやコーチングをやっている人はたくさんいます。お客さんが来るということは、そのたくさんいるカウンセラーやコーチの中から、自分を選んでもらう必要があるのです。世界中の誰でもなく、自分を選んでもらわなければ、一人もお客さんが来ることはありません。

じゃあ、どうしたら自分を選んでもらえるようになるのか？　そこで、「この心理療法はすごいよ」「このやり方は本当にすばらしいよ」といくら言っても、それだけで、自分を選んでもらう理由にはならないのです。だって、それをやっている人は他にもたくさんいるからです。

だから、自分自身の経験を語るのです。自分の辛かった経験を語り、その経験から、このカウンセリングやコーチングというツールを手に入れたことで、その経験を乗り越え、今の自分がある。だから、この経験を活かして、自分と同じような悩みを抱えている人をサポートしていきたい。

そうやって、自分の経験を語った時、初めて、「そんなあなたのカウンセリングが受けたい」そう言ってくれる人が現われるのです。

3 あなたにしかできない「ポジショニング」の見つけ方

さあ、それでは、これから実際にポジションをどうやって決めていくのかを考えてみましょう。まずは、「自分の経験を見直してみる」でしたね。

これも1章に事例として挙げましたが、たとえば、自分の子供が不登校になった。そんな子供を見ていて、もちろん、子供自身も悩んでいるけれど、親である自分自身も苦しくて仕方がなかった。そんな時、カウンセリングを受けたことで、自分の気持ちが落ち着き、子供をしっかりと見守ってあげられるようになった。そして、その結果、子供の不登校も治り、今では笑顔で学校に行っている。この経験からカウンセリングのすばらしさを知り、自分もカウンセリングを学んでカウンセラーになった。

こんな経験があったら、不登校を専門にカウンセリングをしていく。そして、自分のブログに自分の経験を書いていくのです。

自分自身が困ったこと。苦しかったこと。カウンセリングを受けて自分がどう変わったか。そして、子供がどうなったか、などなど。自分が実際に経験したことを書くことで、より臨場感が湧き、同じ悩みを持つ人にとって、それは大きな救いになるのです。そして、この人に話を聞いてもらいたい。この人ならきっとわかってくれる、とクライアントさんが他のカウンセラーではなく、あなたを選ぶのです。

実は、ポジショニングを設定する方法には、二つの種類があるのですが、この自分の経験から「自分のターゲット」を決めていく。これが第一番目の方法です。

後で、くわしく事例をあげていきますが、私のコーチングの卒業生には、自分自身の経験を活かし、会社を辞めたいと悩んでいる人専門にカウンセリングを行なっている人や、子育て中のイライラ解消を専門とするカウンセラーなど、自分の経験をもとにターゲットを絞って活躍しておられる方がいらっしゃいます。

でも、この経験をもとにポジショニングを決めていく時、注意するポイントが三つあります。

まず一つ目は、ターゲットを絞る時、そのターゲットがお金を払ってでもその悩みを解消したいと悩んでいるかどうか、それをしっかりとチェックすることが必要です。というのが、自分の経験を活かしてターゲットを絞るというと、「もっと人生を楽しみたい」とか「ワクワクしたい」「やりたいことが見つからない」そんな悩みを抱えた人をターゲットにしたい、という方がいらっしゃいます。

でも、そんな悩みを抱えた人が、本当にお金を払ってでもその悩みを解消したいと考えているかというと、意外とそうではないのです。

人は、何となくやり過ごせることにはお金を払いません。ワクワクしたいけれど、何となく毎日が過ぎていく……。やりたいことを見つけたいけれど、自分が何をやりたいのか見つからず、もう何十年も考えている……。そんな人は、じゃあ、カウンセリングを受けて自分を変えるぞ、とはなかなかならないのです。

自分がターゲットとしようとしている人が、本気でその悩みを解決しようと思っているのか？　まずそれをチェックしてください。

二つ目のポイントは、医療系の経験をもとにポジショニングを作っていくのは、非常に難しいということです。

どういうことかと言うと、たとえば、自分がうつ病を経験し、それをカウンセリングで克服したという経験を持っている人が、「うつ病専門カウンセラー」として活動しようとしても、なかなかうまくいきません。本来であれば、そのような病気を持っておられる方こそ、カウンセリングが必要だとは思うのですが、「売れるカウンセラーになる」という観点から見ると、この分野は非常に難しいのです。

なぜなら、今、設定しようと考えている「ポジショニング」というものは、本来、ターゲットを決めて、その人がどうなるのか？　その結果を明確に打ち出す必要があるのです。

たとえば、先ほど、事例であげた子育てのイライラ専門のカウンセラーであれば、そのカウンセラーのカウンセリングを受けると、それまで、子育て中にイライラが止まらなかった、そんな人のイライラが消えてしまう。仕事を辞めたいと悩んでいる方専門のカウンセラーであれば、ずっと仕事を辞めたいけれど、辞めることができなかったという人が、勇気を持って会社を辞め、新たな道に進んでいく。あるいは、あんなに嫌だった仕事が全然苦痛ではなくなり、仕事を楽しめるようになる、といった結果を明確に示していく必要があるのです。

でも、病気を克服することを目的にカウンセリングをしようとしても、「うつ病が治ります」「パニック障害が治ります」と、私のようなドクターではないカウンセラーは言うことができないのです。結果を示すことができない。これが、医療系のポジショニングを設定することの難しさなのです。

実は今、ヤフー、グーグル、フェイスブックなどの広告媒体側では、医療広告ガイドラインに準拠した広告掲載基準を設定しています。医療広告のガイドラインとは、病院や診療所、歯科医など、医療行為に関する広告は、厚生労働省が定めるガイドライン（医療広告ガイドライン）に沿って運用しなければならないと決まっているのです。

それがネットの世界でも年々厳しくなってきている。とくに、2018年8月と2019年1月には、グーグルでこのガイドラインが大きく変わりました。その結果、どうなるかというと、医療系のカウンセリングを行なっていることをホームページやブログに書いても、検索で上位に表示されることがなくなったのです。

実は、2018年7月まで、「心理カウンセリング」と検索すると私のブログ記事が一番上に表示されていました。ですので、その記事だけで、1日40人~80人ほどが、私のブログを見にきてくれていたのです。しかし、8月にグーグルの基準が厳しくなってどうなったかと言うと、検索しても私の記事は表示されなくなったのです。もちろん、グーグルが悪いわけではなく、ただ、私のブログ記事が医療広告のガイドライン通りに表示されていないのが問題なのですが、今現在、「うつ病　カウンセリング」と検索して上位に表示されるのは、ほとんどが、病院や公的な機関となっているのです。

だから、この医療系の問題を自分のポジションとすると、それを多くの人に伝えることが非常に難しくなってしまうのです。

三つ目のポイントは、所得が低い人に向けたカウンセリングをポジションとすることは、非常に難しいということです。たとえば、年金で暮らしているお年寄りを対象にカウンセリングをしたい、と思っても、現実問題として高い金額でのカウンセリングへの申し込みはほとんどありません。

たとえば先日、実家に帰り父と話をしていた時、医療費の自己負担の割合が変わり1割負担が3割負担になった、という話になりました。そして、負担が大きくなったから、整骨院に行けなくなった、と言うのです。いくらがいくらになったの？ と聞いたら、「百円が三百円に……」えっ三百円……？ だったら私が負担するから行っておいでよ。と言っても、人に迷惑をかけたくない、という思いが強いのでしょう。なんと言っても「大丈夫だ」としか言わないのです。

いろいろなことを考えて、なるべく支出は抑えたい。そんな人に対して、何千円、何万円という料金を提示しても、まずビジネスにはならないのです。

じゃあ、所得が低いお年寄りはカウンセリングを受けることはできないのか？ というと、そうではなく、ちゃんといろいろな団体や市町村等で、無料でできる相談窓口が準備されているのです。だからこそ、お金をとってカウンセリングしようと思ってもなかなか売上げは上がらない。

もし、どうしてもそこを対象にしていきたい。ということであれば、まずは、違うポジションを見つけて、そこで稼いで余裕を持って、それから、そこをターゲットに無料でカウンセリングやコーチングを提供していきましょう。そのためにも、まずは、売上げが上がるポジションを見つける必要があるのです。

4 経験をもとにポジショニングを作った事例

それでは、実際に自分のポジションを決めるとはどういうことなのか、事例を見ながら考えてみましょう。まずは、Aさんの事例。

Aさん　男性　40歳　神奈川県在住

Aさんのブログプロフィールには、冒頭にこんなふうに書かれています。

私は会社員ですが、仕事が辛くて辛くて、嫌で嫌でたまりませんでした。毎日上司の顔色を窺って、プライベートを犠牲にしてサービス残業をしていました。

会社に行きたくないけれど、働かなきゃ生きていけないし、辞めるなんて無責任なこと、会社や親に迷惑かけることになるからできない……それで無理をして働いていたら、仕事中頭が真っ白になり手が震えて、働けなくなりました。精神科医には適応障害と診断されました。会社も2回休職しました。会社を本気で辞めたい、とも何度も思いました（以下省略）。

こんな状況の時、私はAさんと出会いました。というのが、最初は私のところにカウンセリングを受けに来られたのです。

仕事が辛い、辞めたい。でも、辞めることができない。本当に一所懸命がんばっておられました。でも今、仕事を休んでいる。そこで、なぜそうなってしまったのか、カウンセリングで原因を探していきました。

すると、とにかく必死でがんばるAさんがそこにいたのです。毎日残業で、スタッフが足りない時は自分が仕事に入り、休みもほとんどない状態、でも、何とかしなければならない……。そんな状況も、もう限界が来ているのはあきらかでした。

そこで、なぜそんなにがんばるのか、それを見ていくと、そこには、会社の評価を気にしているAさんがいました。上司に認めてもらえるように、部下であるスタッフとの人間関係を良好に保つようにと、とにかく他人の目を気にしている。よくよく状況を聞くと、入社して数年で彼は会社に認められて店長になったそうです。だから、なんとしてでもよい店を作らなければならない。売上げを上げなければならない。

どうしてそこまでがんばるのか、さらに深く話を聞いていくと、いつの間にか、ご実家のご家族の話になりました。Aさんはお兄さんと弟さんとの三人兄弟。でも、実は、そのお兄さんと弟さんは幼いころから超優秀な方だったそうで、今もすごい会社に入り活躍されている。今でも、お盆やお正月には兄弟が揃うそうですが、兄弟で話をしている時、自分を大きく見せようと必死なAさんがいました。

そんな兄弟に負けたくない。だから、数年で店長になれたことが頼みの綱だった。兄弟に自分を認めてもらいたい。そして何より母親に自分を認めてもらいたい。Aさんは、幼い頃からずっと自分を認めてもらおうと必死だったのです。

カウンセリングを進めていくと、家族に認めてもらいたいと思っているAさん自身が、自分を認めていないことが見えてきました。そして、認めてもらえていないと思っていた家族は、ずっと前から自分を認めてくれていたことにも気づきました。他人に認めてもらおうと必死だったけれど、実は、認めていなかったのは自分自身だったのです。

そこから、さらにカウンセリングを重ねていくことで、本当にいろいろな気づきが起こっていきました。そして、Aさんは、仕事にも復帰されました。

もともと会社を辞めたいと言われていたAさん。でも、カウンセリングでたくさんの気づきを得てからは、逆に仕事のスイッチが入りました。そして一つAさんにやりたいことが見えてきたのです。

実は、Aさんの会社、Aさんと同じように休みも取らずがんばっている店長さんがたくさんいたのです。そして、その多くの人がAさんと同じように悩んでいました。

Aさんは休職中、人事の担当者に自分がカウンセリングを受けていること、そして、カウンセリングを学んでいることを伝えていました。すると、その人事の担当の方から、「同じように苦しんでいる人の話を聞いてもらえないか」そんな話をいただけたのです。

会社の事情にくわしい自分だからできることがあるかもしれない。そう思ったAさんは、それから同じように苦しんでいる同僚に声をかけたそうです。自分が休職していたこと、そして、カウンセリングによって回復したこと、そして、カウンセリングを学び、これからカウンセラーとして活動していきたいと思っていること。そんな話をすると、相手もいろいろ相談してくるようになりました。

会社を辞めたい。ずっとそう思っていたAさんでしたが、今では、自分の仕事をしっかりとこなしながら、社内カウンセラーとしていろいろな人の相談を受けていらっしゃいます。

先日、そのAさんからうれしい報告がありました。

Aさんは、同僚のBさんへカウンセリングをしたそうです。会社を辞めると決めて、一度は会社に退職届を出したBさん。実際に退職するまでの約1ヶ月の間、Aさんのカウンセリングを受けました。すると、少しずつ変化が起こり、2週間後には辞めるのを止めます、という報告があったそうです。

会社を辞める・辞めないよりも、Bさん自身の考え方が大きく変わり、積極的に動けるようになっていかれた。その結果、辞めないと決断して今では仕事を楽しんでおられる。そんな手伝いをできたことが本当にうれしい。

今でも、このAさん、店長としてバリバリと仕事をこなしながら、社内カウンセラーとして、同僚の相談に乗っておられます。そしてさらに、「会社を辞めたい人専門カウンセラー」という肩書で、社外でもカウンセリングを行ない、たくさんの人の話を聞かれています。

今は、サラリーマンという立場ですので、カウンセリング自体はボランティアという形になっていますが、店長として仕事ができること、社内カウンセラーとして同僚の相談に乗れること、そして、社外でも会社を辞めたい人専門のカウンセラーとして活動できていること、このすべてが、自分の人生なんだと、毎日を楽しんでおられます。

見ていて、本当にすばらしいポジションを見つけられたな、と思います。

5 経験をもとにポジショニングを作った事例（その2）

それでは、もう一人、経験をもとにポジショニングを作った事例を見てみましょう。今度は、小学生のお子さんを持つ女性（Bさん）のお話です。

Bさんが私のところに来られた時は、もうすでにカウンセラーとしてブログを作り、カウンセリングもされていました。でも、なかなかお客さんが集まらない。ブログを見てみると「毒親」というテーマでいろいろな記事を書かれていました。

この本を読んでいる方なら「毒親」という言葉を聞いたことがある方も多いと思います。ウィキペディア（Wikipedia）を見てみると、毒親とは、毒になる親の略で、毒と比喩されるような悪影響を子供に及ぼす親、子どもが厄介と感じるような親を指す俗的概念である、と書かれています。

実は、カウンセラーの方でマーケティングを勉強したことがある方には、この「毒親」というキーワードや「アダルトチルドレン」という幼い頃に毒親に育てられて傷ついた心を持つ人をターゲットとする人が非常に多いのです。

実は、私もマーケティングを学んですぐの頃、アダルトチルドレン専門カウンセラーと謳ってカウンセリングをしたことがあるのです。でも、正直、全然お客さんは来なかった。なぜ、お客さんが来ないのか？　今考えるといろいろな要因は見えてくるのですが、お客さんが来ないということは、簡単に考えるとお客さんの心に響いていない、ということが言えると思います。

もちろん、「毒親」「アダルトチルドレン」で悩んでいる人はいらっしゃいます。でも、この二つのキーワードは、一般的な言葉ではありません。誰もが知っている言葉ではない。前に書いた不登校専門カウンセラーとか、仕事を辞めたい人専門カウンセラーと比べると、何だかよくわからない。となる人が多いと思います。

この「毒親」「アダルトチルドレン」という言葉は、いろいろな問題で悩んで、いろいろと調べた結果、自分はそうなのかもしれない、と行き着くキーワードなのです。

私が、なぜアダルトチルドレン専門カウンセラーと肩書きをつけたかというと、マーケティングを勉強した結果、ポジションを絞る必要があることがわかりました。でも、いくら考えても、○○専門と絞ることができなかった。そして、よくよく見ると、それまで私のところに来てくれたお客さんは、ほとんどの人が、その悩みの原因が幼い頃にあった。今でも、私のところに来るお客さんの悩みの原因を追及していくと、幼い頃のことが出てくることが非常に多かったのです。だから、アダルトチルドレン専門といえば、その人たちみんなを対象にできるのではないか、と考えたのです。

ということは、つまり、ターゲットを明確に絞れていないということがわかると思います。ポジショニングを絞る場合、たとえば、毒親に育てられて傷ついた心を持っている、という人が、具体的にどんなことで悩んでいるのか？　もう一つ先を見なければならないのです。たとえば、毒親に育てられ、幼い頃から人を信じることができなかった。その結果、大人になった今でも、人を信じることができず、友達が一人もいない。そして今、一人で生きているのが、辛くて辛くてたまらない。心を割って話ができる友達が欲しい、と悩んでいる。

そんな人を見つけて、そんな人をサポートしたい。そう思ったら「心を割って話すことができる友達が一人もいない人専門カウンセラー」として、友達を作れる自分になることをサポートしていく。ちょっと、ネーミングはいまいちですが、でも、このぐらい絞れば、友達が欲しいと悩んでいる人の心に刺さるメッセージを送ることができるのです。

そこで、もう一度、Bさんのポジショニングをどうするか、一緒に見ていきました。ポジショニングを見つけるためには、とにかくその人の経験をしっかりと見つめ直すことが必要です。なぜなら、売れる最大のポイントは、「何を売るか」ではなく、「誰が売るか」だからです。

この世の中に、売れる商品（カウンセリングやコーチング等）なんて存在しないのです。売れているカウンセラーやコーチは、その人がやっている商品（カウンセリングやコーチングなど）が売れる商品だから売れているのではなく、そのやっている人、その人に魅力があるから売れているのです。

ということで、Bさんの経験を見ていくと、もともと彼女が「毒親」という言葉を知ったのは、子育てをしていて子供にイライラして怒鳴り散らす自分を変えたかったから。つまり、自分自身が毒親なのかもしれない。そう気づいたからだったのです。

そこから、そんな自分を変えたいとカウンセリングを受け、そして、カウンセラー養成講座やコミュニケーションの講座などの勉強をしていったのです。そして、毒親カウンセラーとしてカウンセリングをスタートしました。

ところがある日、クライアントさんと話をしていて、「あなたは毒親育ちではないのではないか？」と言われたことがあったそうです。つまり、あなたは、毒親に育てられた人の気持ちがわかっていないと……。

実際、Bさん自身は、親に虐待を受けたり、ひどい仕打ちを受けたりした経験はなかった。だから、そう言われると、たしかにそうかもしれない。クライアントの気持ちをわかっていないのかも……。そんな思いも湧いてきました。

私自身、これまでいろいろな人のカウンセリングを行なってきましたが、やはり、「毒親」というと、「自分が毒親なのかもしれない」と悩んでいる人より、「毒親に育てられ、大人になってもその影響が大きく、苦しんでいる」という人が圧倒的に多いのです。そこでもう一度、Bさんの経験をみていきます。

先ほども書いた通り、Bさん自身は、虐待等を受けたことがなかった。でも逆に、子供に対してひどい仕打ちをしてしまう。彼女のサイトのプロフィールを見ると、当時の自分をこんな風に書かれています。

脱いだ靴を揃えない。すぐに手を洗わない。遊んでいて宿題をしない。食事の食べ方が汚い。お風呂に入らない。自分から歯磨きしない。早く寝ない。

やらなかったと見届けてから怒る。追い詰めて泣かせる。無理にやらせる。

わざわざやらなかった事実に対して、怒って「ママ（私）が怒る原因は自分のせいだ」と、子どもに思わせ、私の怒りを正当化していました。今思えば、まったくひどい母親ですよね。

そんな私が当時思っていたことは、子どもたちのことは大好きで、大事に思っている。自分を抑えられないことが苦しい。子どもたちの寝顔を見ると、なんで怒ってしまうんだろう。可哀想なことをした、と反省と自己嫌悪でした。その上でさらに、子どもたちが素直に言うことを聞けばいい、子どもたちに言わなくてもできる習慣がつけばいい。そうしたら、私はイライラしなくなる。そう思っていました。

でも、いろいろな勉強をして、その怒りは子供たちが作っているのではなく、すべての原因が自分の中にあった。ということに気づいていったのです。

自分の経験を語り、それを読んだ人が「この人の言っていることわかる〜」となって初めて、この人のカウンセリングを受けたいとなっていく。であれば、きちんとそれがわかるように伝えていく必要があるのです。そういう観点から見ると、やはり「毒親」では、本当のターゲットに辿りつけません。

そこで、いろいろと考えた結果、「イライラ解消カウンセラー」という肩書で活動していくことを決めたのです。

ポジショニングを絞る時、まずは自分の経験をしっかりと見直します。そして、その経験に共感できる人をターゲットにする。そうすることで、自分にしかできないポジションが見つかっていくのです。

6 もうひとつのポジショニング設定方法

この事例のように、自分の経験を元にポジショニングを設定していくことが、ポジショニング設定の基本です。しかし、この経験だけでは売れるカウンセラー、コーチになれない場合もあります。

先ほど、「あなたにしかできない『ポジショニング』の見つけ方」の中で、「この経験をもとにポジショニングを決めていく時、注意するポイントが三つあります」と書きました。

もう一度確認すると、一つ目は、ターゲットを絞る時、そのターゲットがお金を払ってでもその悩みを解消したいと悩んでいるかどうか。そして、二つ目は医療系の経験をもとにポジショニングを作っていくのは非常に難しいということでした。そして、もう一つは、所得が低い人に向けたカウンセリングをポジションとすることは、非常に難しい。この三つでしたね。

自分の経験がこの三つのポイントに重なった場合、ただ経験を語るだけでは売上げが上がらないということになってしまいます。

では、自分の経験を元にポジショニングを作っていこうとした時、この難しいポイントと重なってしまった場合、どうすればいいのでしょうか?

ここで、ポジショニングを設定するもうひとつのポイントについてお話しします。これも、自分の経験を元に作っていくのは変わらないのですが、その経験が、過去の辛い体験や何かを克服した経験ということではなく、自分の得意なことに焦点を当てていくのです。

ちょっとわかりにくいと思いますので、早速事例を見ていきましょう。

事例:Cさん　20代女性のケース

Cさんは、私のコーチングのクライアントです。彼女が私のところに来た時、あるセラピーの資格を取り、今後、セラピストとして活躍したいと考えておられました。

そこで、そもそもなぜそのセラピーの勉強をしたのか、まずはそこを確認していきました。するとCさんは過去に留学していて、その頃、摂食障害を経験したと話されました。そこで出会ったそのセラピー。彼女自身、そのセラピーを受けたことで摂食障害を克服。今では元気に暮らしておられます。そんな経験から、自分と同じように摂食障害で苦しむ若い女性にこのセラピーを受けてもらいたい。そう思われていたのです。

それを聞いて、私はすばらしい思いを持っておられる、と思いました。しかし、同時に難しいな、とも感じました。なぜなら、先ほど、ポジショニングの設定の際、注意することの二つ目「医療系の経験」にCさんの経験が該当してしまうからです。

摂食障害とは、拒食症や過食症などの異常な食行動によって、日常生活が困難になる病気です。だから、どんなにそのセラピーがすばらしくても、ドクターでない人が「摂食障害が治る」とは言えないのです。つまり、集客に一番大切な「結果」を伝えることができないということです。

もちろん、そこをテーマにしても、きちんと医療広告のガイドラインを守り情報発信をしていけば、お客さんも増えていくかもしれません。でも、一気にたくさんの人に知ってもらうことは難しい。口コミ等で広げていくとなると、やはり時間がかかってしまうのです。

そこで私は、もう一度Cさんの経験を聞いていきました。そもそもなぜ摂食障害になってしまったのか？　すると、Cさんのこれまでの経験がいろいろ見えてきたのです。

Cさんは中学生の頃、バスケットを一所懸命やっていたそうです。そして、チームの中心選手だった。そんな経験から高校はバスケットの強豪チームに入りたい。そんな夢を持ちました。そして、実際にバスケットの強豪校へと進学されたのです。でも、入ってみると、さすがに全国レベルの高校でした。推薦で入ってきた選手たちには、どうやっても太刀打ちできない。大きな実力差を感じたそうです。

そんなCさんですが、実は、彼女は幼い頃から吃音の症状がありました。吃音（きつおん、どもり）とは、話し言葉が滑らかに出ない発話障害のひとつです。何かを話そうとすると、音が繰り返してしまう。「ははは　はい……」と。

そんな状況で、しばらくすると顧問の先生からCさんへの集中攻撃がはじまりました。「今考えるといじめですね」と、笑いながらそういうCさんでしたが、当時は本当に苦しかったのです。でも、必死でがんばるCさん。自分で選んだ道、どんな状況でも絶対にあきらめない。彼女はいつもそう思っていたそうです。

でも、毎日続くいじめ。「最後は感情を感じなくなった」そう言われていました。何も感じないけれど涙が止まらない。その頃は、吃音も酷くなり、自分の名前さえ言えなかったそうです。

そんな経験から、Cさんは大学への進学の際、どこへ行くか、ものすごく悩んだそうです。そんな時、友人がアメリカに留学するという話を聞き、自分も留学したいと思いました。先生から受けたいじめもあり、すっかり自分に自信が持てなくなってしまったCさん。アメリカに留学すれば、英語ができるようになる。英語ができるようになったら、自分に自信が取り戻せるのではないか。そんな思いから留学を決めたそうです。ちょっと、日本が嫌になったという思いもあったそうですが……。

そして、実際に留学。もともとがんばり屋のCさん。英語の勉強も必死でやりました。でも、一年経っても全然英語が話せない。話せないどころか、先生が言っていることさえ聞き取れません。アメリカでたった一人、誰も頼る人がいない中で、Cさんのストレスは最高潮に達しました。そして、摂食障害に……。ありえないほど食べてしまう自分。食べ過ぎて吐いてしまう。そして、吐いたらまた食べる。そんな状況で体重もどんどん増えて……当時の写真を見せていただきましたが、今とは別人のようでした。

そんな時、同じ時期に留学した友人に会ったそうです。すると彼は、普通に英語を話せるようになっていた。留学当初は、ほとんど同じくらいの英語力だったのに、なぜ彼は話せるようになっているのか？　なぜ自分は一所懸命勉強しているのに話せないのか？　不思議に思ったCさんは、その友人の行動をいろいろ分析しました。彼は、どんな勉強をしていたのか？

その話をしていると、「今泉さんは、『出川イングリッシュ』って聞いたことありますか？」と、彼女から質問を受けました。「出川イングリッシュ」とは、テレビ番組「世界の果てまでイッテQ!」の中で放送されている、芸人の出川哲朗さんが使うユーモアたっぷりの英語のことです。出川さんの番組を見たことがある人ならわかると思いますが、出川さんは、少ないボキャブラリーをいろいろな方法でカバーして、そして見事にアメリカ人と普通に会話をしていくのです。

たとえば、単語を自分の知っている言葉に置き換える。『天文台(observatory)』を『Star-looking-machine』。クイズ形式にする。『○○はA、△△はB、じゃあ××は?-?-』のような聞き方。

『Do you know?』『where?』など、簡単な質問を駆使しながら答えにたどり着く。ボディランゲージを使いながら例文を作る。『A-B-C-D-F! oh no, goshigoshi.』でEraser(消しゴム)を引き出す。

実は、Cさんの友人もこの出川さんと同じように、とにかくいろいろな人に話しかけていたそうです。

自分は机に座って一所懸命勉強していた。でも、彼はいろいろな人と話をしていた。英会話の勉強をしているはずなのに誰とも話をしていない自分。そのことに気づいてから、Cさんは勉強方法を変えたそうです。友人の行動をヒントに、自分なりにチャレンジしていった。すると、ある方法(英会話上達法)を見つけたのです。そして、そこからたった3ヶ月で普通に英会話ができるようになったのです。

その話を聞いて、「それすごくない！」と、私は思わず叫んでしまいました。

「出川イングリッシュ」このフレーズをキャッチコピーに、英語のマンツーマンレッスンをしていけば……。

もともと、「セラピーをしたい」と言って私のところに来てくれましたが、ポジショニングを作る際、売れないポジションを作っても、そのビジネスはうまくいきません。だから、まずは売れるポジションを選ばなければならない。そして、実際に売上げを上げなければならないのです。

売上げが上がり、お金が手に入れば、そこから好きなセラピーもできるようになる。必要な人に価格を下げて提供することもできるし、自分が有名になれば、それだけで「話をしたい」という人が現われるのです。だから、まずは売れるポジションを作っていくのです。

ここから、Cさんと一緒に英会話のマンツーマンレッスンを商品としてランディングページを作り、売り出しました。今彼女は、英会話のマンツーマンレッスンをしながら、必要な人にセラピーも提供されています。

こうして、自分の得意なことをしっかりと見つめ直し、人が興味を持つキーワードを利用して自分のポジションとしていく。これがもうひとつのポジショニングの作り方です。まずは売上げを上げることができるポジションを設定すること。これが本当に大切なのです。

7 得意を活かしてポジショニングを作る方法（事例その2）

自分の経験を活かしてポジショニングを設定したいけれど、自分のターゲットとする人が「注意する三つのポイント」に該当してしまう。そんな時のポジショニング設定について、もうひとつ事例をあげていきます。

事例2：Dさん　50代男性のケース

Dさんが私のところに来られた時、「もうすぐ定年なんだ」と教えてくれました。これから第二の人生を進んでいくにあたって、自分でビジネスをできるようになりたい。そんな思いを持つDさん。早速私は、これまでの彼の経験をヒヤリングしていきました。すると、長年大手企業に勤め、間もなく定年を迎えられることがわかりました。海外に赴任した経験も持ち、サラリーマンとして第一線でバリバリ活躍して来られた。

そんな方が、どうして私のところに？　と質問すると、「定年後は自分でビジネスをやりたいんだ」とおっしゃいました。だから、そのためにお勧めしながら、キャリアコンサルタントの資格を取得したとのこと。その資格を活かして自分でビジネスをできるようになりたい。

キャリア・コンサルタントとは、学生、求職者、在職者等を対象に、職業選択や能力開発に関する相談・助言を行なう専門職です。

私はこれまで、法人のコンサルを行なう中で、実際に採用の場面で学生と話した経験もあったので、何となくイメージできたのですが、私の中では、「キャリアセンターで学生の就職ガイダンスをする人」「助成金を申請するときにジョブカードを書いてくれる人」「人材派遣会社やハローワークで仕事の斡旋をしてくれる人」そんなイメージしかありませんでした。

もちろん、すばらしい職業で大切な仕事であることは間違いないのですが、対象者が大学生や高校生。もともとお金を払うことができない人たちを相手にサービスを提供していく。そして、学生側から見ると、就職の相談をする場所は学校だけでなく、ウェブを使うなど、無料で相談できる場所がいろいろある。中途の採用でも、ハローワークなど無料で相談を受けてくれる場所がある。そんな中、その資格だけで個人でビジネスを行なっていくイメージが私の中に湧いてこない。

そこで、なぜキャリアコンサルタントの資格を取ろうと思ったのかを聞いてみました。すると、今お勤めされている会社は接客の仕事で、女性が多い職場なのですが、その多くが若くして退職されるということでした。そして、そんな人たちから、「これからどうすればいいのか」といった相談をたくさん受けてきたそうです。

すばらしい接客の技術を持ちながらも、それをなかなか活かせない。それを見ていると、そんな方のよさを引き出し、再就職するサポートができたら……、Dさんの中に、そんな思いがあることがわかりました。

しかし、そのポジションでお金が取れるかというとこれもまた難しい。もちろん、お金だけではないのですが、仕事として続けていくためには、売上げは絶対に必要です。では、どうすれば、売上げが上がるのか？

そこで私は、またさらにDさんの経歴をヒヤリングしていくことにしました。新しくビジネスを立ち上げようとする時、人と同じことをしていたのではなかなか売上は上がらない。だから、オリジナリティのあるビジネスをする必要がある。でも、オリジナリティと言われても、いろいろな仕事がもうすでにあり、新しい仕事なんてそう簡単には見つからない。そんな時、私たち一人ひとりにあるオリジナリティを探っていくことが必要なのです。

「一人ひとりにあるオリジナリティ」とは、つまり自分の経験です。自分の経験は、世界でたった一人自分だけのもの。そこを探っていくと、オリジナリティが見つかるのです。

そこで、これまでどんな経験をしてきたのか、子供の頃はどんな性格だったのか、どんな趣味を持っておられるのか、などなど聞いていきました。

するとＤさんは社会人落語家という肩書を持っていることがわかりました。「落語をやっているんだ」と教えてくれたＤさん。「えっ落語ですか？」あまり聞いたことがなかった趣味に、私は一瞬びっくりしました。「また、なぜ落語を……？」

Ｄさんは、過去に仕事で海外に勤務したことがあったそうです。海外にいると日本の文化について、いろいろと質問されることがある。でも、経験がないと、それをきちんと伝えることができない。だから、何か日本の伝統的なものを身につけることができれば。そう思い、落語を勉強することにしたそうです。

「落語をやっていると便利なんですよ」そんな話をしてくれました。「どういうことですか？」と聞くと、これまで、転勤でいろいろな部署で勤めたＤさん、行く先々で、当然ですが自己紹介をする機会がある。そんな時、趣味は「落語」と、小噺の一つでもすると、一瞬でみんな自分のことを覚えてくれる。そんな話になったのです。

「それ面白くないですか……」

ビジネスを進めていく上で、自分のことに興味を持ってもらうことはものすごく大切なことです。短い時間でクライアントの関心を喚起するプレゼン手法を「レーザートーク」と言うのですが、それがなかなかできない。

キャリアコンサルタントとして、新しい仕事を探す人のサポートをしていきたいと言われるDさん。そこで、相談に来る人がDさんのような自己紹介ができれば……。

「落語をするには、度胸が必要です。そして、その時々、お客さんを見てアドリブで話をする臨機応変さも必要。だから落語の練習をしていくと、表現力が格段に上がっていくんです」そうDさんは教えてくれました。

それを聞いていて、これまで、たくさんのカウンセラーやコーチとして起業したいと私のところに相談に来た人で、「自己紹介が苦手なんです」そう話される方が多いことを思い出しました。そんな人に、この表現力やコミュニケーション力が上がるアドバイスができれば、それが商品になるのではないか。そう思った私は、これを商品にしませんか？　とDさんに提案させてもらいました。

たとえば、自己紹介を作る講座だったり、ユニークな話をしたい人、たとえば、学校の先生や塾の先生。そんな人たちが自分独自のレーザートークを作るお手伝いをしたり……。「強みのない人は落語を覚えろ！」なんていうのもよくないですか？　そんな話にもなりました。

でも、最初は、「プロではないしなあ……」と、プロの落語家ではない自分がそんなことをしていいのだろうか？　という話になったのです。でも、私は逆に、だからこそDさんがやる意味がある。そんな気がしました。

これまで接客のプロとして何十年も活動してきて、そして、キャリアコンサルタントという資格も取り、そして、落語もできるDさん。このすべての経験をもとに商品を作れば、絶対に売れる商品が出来上がる。それは、プロの落語家の人にはできない、私はそう思ったのです。

そして、「社会人落語家が教える一度会ったら忘れられない自己紹介」というセミナーを個人事業主、就活を行なっている人向けに作っていきました。

他の人にはない、自分自身の経験を活かし、それを商品としていく。そして、その専門家というポジションを作っていく。これも、ひとつのポジショニングの作り方なのです。

8 プロフィール作って情報発信をスタートしよう

さあ、ここまでポジショニングについて考えてきました。

誰のどんな悩みを解決できるのか。それが自分の中で明確になれば、あとは、そのターゲットに向けて情報を発信していきます。自分の理想とするクライアントにその情報が届けば、その人は必ず興味を持ってくれる。

でも、ここでひとつ忘れてはいけないことがあるのです。

発信された情報がどんなことを伝えているのか、それはものすごく大切です。必要な人に必要な情報が届けば、その人はきっと喜んでくれるでしょう。でも、それ以上に大切なのは、その情報を誰が伝えているか、ということなのです。簡単にまとめると「何を言っているのかよりも、誰が言っているのか」ということです。

もし、あなたが、これまでにカウンセリングやコーチングを受けたことがあるのであれば、なぜ、その人のカウンセリングを受けたのか？　を一度思い出してみてください。きっと、最初は何かでその人のことを知ったはずです。

そして、その人が発信している情報に興味を持った。でも、そこから、実際にカウンセリングやコーチングを受けるまでには時間がかかったはずです。その中で、その人の発信している情報を何度も確認し、その人のことを信頼し、この人からカウンセリングやコーチングを受けてみたい。そうなって、初めて申し込みまでたどり着くのです。

つまり、最初はその人の情報に興味があっただけだったけれど、いつの間にか、その人自身に興味を持つようになった。その人のファンになって、初めて人は申し込みをするのです。であれば、カウンセリングやコーチングで売上げを上げるために必要なことは、あなたがどんな人なのか、それをきちんと伝えることです。

情報発信をしていくために、まずは自分のポジショニングを明確にしましょう。と言いました。そして、それが明確になれば、次に大切なのはあなた自身のプロフィールを作ることです。

ブログには、必ずその人のプロフィールというものがあります。あなた自身も経験があると思いますが、ブログの記事を読んで、面白いなと興味を持ったら、誰が書いているのか、やはりその人のプロフィールを確認したくなるはずです。だから、しっかりとプロフィールを作り込まなければなりません。

しかし、さまざまなカウンセラーやコーチのブログプロフィールを読むと、中には、自分が持っている資格だけを書いてあったり、顔出しもせず、ほとんど何も書いてなかったり、といったプロフィールを見かけます。やはり、それでは売上げにはつながりません。では、どんなプロフィールを作れば人は興味を持ってくれるのか？

ヒーローズジャーニー（英雄の旅）という言葉を聞いたことがありますか？　ヒーローズジャーニーとは、アメリカで神話研究の第一人者であったジョセフ・キャンベルという人が、世界の神話に登場するヒーローの物語を研究していくと、そこに、ある共通した一連の流れがあることを発見しました。

それぞれの国で歴史や文化は違っても、昔から語り継がれるヒーローの話には、共通するパターンがあり、そして、そのパターンを持つ物語は、たくさんの人の心を動かし共感を呼び、そして、感動を生み出します。映画監督であるジョージ・ルーカスさんも、スター・ウォーズを作る時、この「ヒーローズ・ジャーニー（英雄の旅）」の流れを取り込んで制作したと言われています。

突然何の話？　と思われたかも知れませんが、私はブログのプロフィールも、このヒーローズジャーニーのようなストーリーを書くことで、読む人に感動を与えることができると思うのです。では、ここでヒーローズジャーニーの流れとはどんなものなのか、を簡単に説明させていただきます。


村に普通に暮らしている平凡な若者がいました。その若者が突然、何かお告げを受けます。それは神様だったり、突然現われた知らない人だったりするのですが、その人は、その普通の若者に「お前はヒーローなんだ」「お前がこの町のピンチを救うんだ」と、そんな話をするのです。

でも、平凡な若者は、「そんなのは嫌だ」「それは私の仕事ではありません」「勘弁してください」そう言うのです。

でも、言われ続けて、どこかでそれを受け入れざるを得ない状況になります。「俺なのか、俺がやらなければならないのか」と。そして、準備をしてその村から一歩外に出ていくのです。

でも、今の時代と違い、神話の時代の村と言うのは、一歩外に出るとそこは敵だらけの魔界なのです。でも、そこに入っていきます。すると、やはりそこにはたくさんの困難が待ち受けています。しかし、だからと言って、また村に戻ることはできません。だって自分は、村を救わなければならないし、ヒーローなのだから。そして、その若者は、その困難に立ち向かいます。

そうすると、少しずつ成長していきます。そうやって旅が進むかと思うとまた困難が来る。それを繰り返していると、さらに成長したり、仲間ができたりします。

そして、ようやく行けるかなと思ったら、今度は最大級の困難がやってくるのです。ラスボスが現われ、そして絶対絶命のピンチに陥るのです。でも、仲間で協力して、勇気を持ってそのラスボスに立ち向かいます。そうすると、道が開けて、そこに本当に欲しいものがあって、それを手に入れて、自分の村に帰っていく。そして、村のピンチが救われ、村の人たちが幸せになり豊かになる。

これが、ヒーローズジャーニーの流れなのですが、こんな物語見たことあるな、と思いませんか？　世界で大ヒットしている映画「ロード・オブ・ザ・リング」「マトリックス」「ロッキー」「ターミネーター」漫画で言うと、「ワンピース」や「鬼滅の刃」もすべてこのヒーローズジャーニーの流れを汲んでいるのです。

このヒーローズジャーニーを自分のプロフィールに取り込んでいく。そういうと、自分はそんなヒーローではありません、と言いたくなるかも知れませんが、でも人はそれぞれ、ある意味、このヒーローズジャーニーの流れの中で生きているのです。だから、自分のストーリーをしっかりと伝えることで、たくさんの人に共感・感動を与えることができるのです。

たとえば、私のプロフィールを見てみると、私は普通の銀行員でした。普通に育ち、結婚し子供も生まれた。そのまま普通に生きていてもよかったのですが、神のお告げなのか、突然パニック障害という病気に襲われます。

突然のことに迷い、苦しみ、助けを求めます。でも、なかなか前に進めない。そんな時、心理カウンセリングというものに出会い、そのパニック障害に立ち向かっていく。

いろいろな勉強をし、たくさんの仲間に支えられ、そして、そのパニック障害を克服することができた。そして、気づくとパニック障害というラスボスをやっつけた心理カウンセリングという武器を手に入れていた。

そこから、自分と同じような人をサポートしていきたいと立ち上がり、気軽にカウンセリングを受けることができる日本を作るんだ、とまたカウンセラーという旅に出る。

こんなプロフィールを作ることで、はじめて私という人間を知っていただき、カウンセリングを受けたいと言ってくださる人が出てくるのです。

さあ、ではここであなた自身の過去の経験を見つめ直してみてください。あなたは、なぜカウンセリングを始めようと思ったのか？　コーチングをスタートさせたのか？　きっとそこには、このヒーローズジャーニーの流れがあるはずです。

これをしっかりとまとめて自分のプロフィールを作り上げる。これができると、多くの人に知ってもらいたい。そんな気持ちになることができます。だから、積極的に動けるようになるのです。

あなたのこれまでの経験はあなただけの経験であり、そのストーリーを発信することで、救われる人が必ずいます。ぜひ、しっかりとプロフィールを作っていきましょう。

9 たくさん「いいね」をもらうために必要なこと

情報発信をしていくために、まずはポジショニングを明確にする。そして、ヒーローズジャーニーを参考にプロフィールを作る。ここまでできたら、いよいよ情報発信の本番です。

情報発信をするなら、まずはブログを書いていく。先ほども、なぜブログなのかを書きましたが、もう一度確認します。

私がお勧めするのは、ホームページの機能も兼ね合わせたブログ兼ホームページ（ワードプレスがそれにあたります）、これをまず作ることです。ブログ兼ホームページが完成すれば、それがあなたの情報発信の土台になります。あとは、このブログに記事を積み上げていくのもいいし、SNSを使って情報発信してもよいでしょう。

自分のポジショニングとプロフィールがしっかり固まれば、自然と情報発信したくなってくるのです。

でも、もうすでに必死に情報発信しているけれど、全然お客さんが来ない。それどころか、せっかく書いても誰にも読んでもらえない。「いいね」もつかない。そんな方も多いと思います。そんな時どうすればいいのか?

たとえば、ブログ記事を書くのであれば、自分のお客さんがグーグルやヤフーでいつもどんなキーワードで検索をしているのかをイメージし、その答えを書いていく。インスタグラムであれば、ユーザーが知りたい情報を必ず入れる、話し言葉で書く、画像は余白を作ってひと目で理解させる、文字の色・太さを変えてメリハリを付けるなど。ツイッターであれば、テーマを持ってつぶやく、お役立ちメモとして活用する、リプ・引用RTでコミュニケーションを取る……。TikTokであれば……。

やり方は、本当にいろいろあります。こうすればよいという方法は、調べればいっぱい出てきます。

ぜひ、自分なりに研究しながら挑戦していただきたいのですが、情報発信する際に忘れてはいけないのが「リサーチ」です。これから情報発信をしていくのに、ただ、闇雲に自分が書きたいことを書いても、それでは、なかなかお客さんには届きません。

だから、まず、自分が情報発信したいツール（ブログやインスタ、フェイスブック等）で、すでに自分と同じ分野でファンをたくさん抱えている人の投稿を見ていくのです。売れている人はどんな投稿をしているのか？　それをしっかりと読んでいきます。

たとえば、インスタグラムであれば、どんな画像を使っているのか？　その画像にはどんな文字が書かれているのか？　キャプションの内容は？　プロフィールはどう作っているのか？　どこにリンクしているのか？　投稿の時間帯は？　……などなど、とにかく徹底的に調べていくのです。

私もインスタを始めてそんなに時間は経ちませんが、今でも売れている人のチェックは続けています。基本的には、その人の特徴を10個書き出し、その中で、自分でも使えそうなものがあれば、真似をしてみます、しばらく続けると、明らかに効果があるものや、変えても何も変わらないことなどありますが、そうやって自分なりの答えを探していくと、投稿自体が楽しくなってくるのです。

私は売上げを上げていくために必要なのは、「信頼」だと思っています。とくに、ＷＥＢでお客さんを集めたいと思うのであれば、信頼していただかない限り、一人もお客さんは来ないのです。では、どうすれば信頼は高まるのか？

信頼を高める方法のひとつに、「接触頻度を高める」という方法があります。

私たち人間は、特定の人物や物事に何度も繰り返し接触することで、好感度や評価が高まっていくと言われています。この心理的傾向をザイオンス効果と言いますが、つまり、毎日毎日投稿することで、読者に自分のことを覚えてもらい、そして、信頼関係を作っていくことができるのです。

毎日投稿なんて無理。そう思うかもしれませんが、そこを乗り越えた人だけが、売れるカウンセラーになっていけるのです。自分を待つまだ見ぬ人に、自分を見つけてもらうために、今日も情報発信をする。ぜひ、そんな覚悟をしてください。

6 章

カウンセラー集客を成功へと導く
カウンセラーマインドの作り方

1 カウンセリングビジネスの五つのステージ

ここまで、カウンセラーやコーチとしてどうやって集客していけばいいのか、いろいろと書いてきました。そして、いよいよ最後の章。ここまで読み進めてみていかがでしょうか？

早速やってみようと、もう何かを始めた人、頭ではわかったけれど、どこからやろうかと迷っている人、もうすでにやっていることばかりだったという人など、さまざまだと思います。

なぜ、こうして同じ本を読んでも反応がバラバラなのか？　実は、起業には五つのステージがあるのです。自分がどのステージにいるのか、それによって反応が違ってきます。

【起業の五つのステージ】

まずは、「ゼロ期」この時期は一番迷う時期です。起業したいという思いが湧いてくる時期です。

しかし、まだこの時期は自分が何をしたいのか、それが見えていません。だから、いろいろな資格の勉強をしたり、この人いいなぁ、という憧れの人のセミナーなどに参加したり……。

たくさんのお金を使って自分もやってみようと進み出すのですが、でも、なかなか稼げません。

次に、このゼロ期を抜けると「初期」。この時期は、やっと自分のやることが決まり、進み出す時期です。この時期の特徴は、とにかく周囲の目が気になります。これでいいのだろうか？　とSNSなどで自分がどう見られているかが気になり、他人軸で動いてしまう時期でもあります。

そこを抜けると「成長期」がやってきます。迷いからポンッと抜ける時期で、いろいろなことがうまくいく時期で、売上げも大きく上がります。

しかし、そのまま行けるかと思った頃、「停滞期」がやって来ます。成長できたことで、自分が見えなくなってしまい、視点がずれていく時期です。それまで関わってくれていた大切な人が離れていってしまったり、家族との関係がうまくいかなくなったり、売上げも停滞する時期です。

この時期は方向性を見直す時期であり、そこから「活動期」へと移っていきます。ここでがんばって活動を続けていくと、思いがけない出会いや決意が生まれ、自分に覚悟ができてきます。

そして、これを抜けるとまた成長期がやってきます。こうして、グルグルと回りながらどんどんステージアップしていくのです。

しかし、カウンセラーやコーチで起業をしようとしている人の多くがゼロ期、初期から抜け出せないでいます。これが、カウンセリングビジネスの大きな特徴のひとつなのですが、なぜそんなことが起こるのかというと、カウンセラーやコーチとして活動しようと思った人の多くが、自分が悩みを抱えたという経験からこの世界に進むことを決心した人だということです。

私自身がまさにそうでした。私がカウンセラー養成講座に通った理由は、自分自身がパニック障害を経験したから。自分自身の問題を解決したい。私はそこが起点だったのです。そこからカウンセリングに出会い、そのすばらしさに気づき、自分のビジネスにしていきたい。そう思うようになったのです。

カウンセラー養成講座に通った経験がある人はわかると思いますが、講座参加者の多くが自分に問題を抱えている人です。それを克服するためにこの世界に入ってきます。

自分の経験を活かしてカウンセラーとして活動するということは、本当にすばらしいことだと思うし、多くの人がそのストーリーに惹かれ、この人からカウンセリングを受けてみたい、とそう思ってくれます。自分が経験していないと、なかなかクライアントの気持ちも理解できないのです。

しかし、カウンセラー養成講座の修了証書はもらったものの、まだ自分にはできない。自信がない。だから、また次の講座を受ける。もっと勉強しないと……そんな人がものすごく多いのです。

でも残念ながら、どんなに勉強してもカウンセリングができるようにはなりません。勉強することとカウンセリングをすることは、まったく違うのです。

たとえば、泳げない人が泳げるようになりたい。そう考えたとします。そして、図書館に行って水泳のやり方の本を何冊も読んだ。さて、どうでしょうか、その人は実際プールに入った時、泳げるのでしょうか？　答えはＮＯです。やはり泳げるようになりたかったら、泳がなければなりません。頭で考えるのと実際にやるのとでは、大きく違うのです。

偉そうに書きましたが、私自身、カウンセラー養成講座を受けた後、行動できたかというと、まったく動けませんでした。今でも覚えていますが、初めて受けたカウンセラー養成講座の最終日。カウンセラーの認定証を一人ずつ受け取りました。その時、そこの学長先生から言われたのは、やはり、「これからどんどん実践していってください」ということでした。「実践しなければカウンセリングができるようにはなりません」はっきりそう言われたのです。

でも、私はその時、先ほど書いた「まだ自分には無理」と思っていました。「だって、こんな人が来たら……、あんな人が来たら……」頭の中にいろいろな不安が浮かび上がり、まだ自分には無理。だから、また次のカウンセラー養成講座に進んだのです。

私はそこから、数多くのカウンセラー養成講座を受けました。でも、どんなに勉強しても、カウンセリングができる気にはなりませんでした。

それから数年経った頃、私はまだ最初に勉強したカウンセラー養成スクールでいろいろなことを学んでいました。そこに新しい女性の先生が入ってこられたのです。私はその人を見て衝撃を受けました。

なぜなら、その女性は私が最初に学んだ養成講座で一緒に勉強した人だったからです。後でわかりましたが、私は養成講座を受けた後、「まだ無理」そう言って、次の講座に進みました。でも、彼女は違いました。学長先生に言われた通り、すぐにカウンセリングをスタートさせたのです。そして、たくさんのクライアントさんにカウンセリングを提供し、今、私の目の前に先生として立っている。本当にびっくりしました。

カウンセラーとして活動したい。そう思ったら、やはり今すぐカウンセリングをすることです。コーチとして活動したかったら、やはり今すぐコーチングをすることです。自分にはまだ無理。そう言って、行動にブレーキをかけていたら、いつまでたってもカウンセラーやコーチにはなれないのです。

でも、どうでしょうか？　そんなこと今さら言われないでもわかっていますよね。でも、できない。それが本音なのではないでしょうか？

なぜ、そんなことが起こるのか？　それは、まだ心に傷が残っているからです。最初に書いた、起業ゼロ期、初期から抜け出せないカウンセラーと話をしていると、実はまだ自分の問題を解決できていない人が多いのです。では、そうやって進めない人はどうすればいいのか？

答えは簡単です。カウンセリングを受ければいいのです。自分自身がもっともっとたくさんカウンセリングを受ける。そして、「自分にはできない」という自分を卒業するのです。それができた時、初めてベクトルが自分ではなくクライアントに向くのです。

2 起業ゼロ期、初期のカウンセリングビジネスの進め方

自分自身、心に傷を持って、それを克服するためにカウンセリングやコーチングに出会った。そんな人が、ビジネスで成功するために必要なこと。それは、まずカウンセリングを受けることです。

いかがでしょうか？　カウンセリングの講座等を卒業後、自分自身がクライアントとしてカウンセリングを受けていますか？

意外と受けていないという人が多いのです。「もう自分は大丈夫だから……」そう思って

受けないのだと思いますが、前にも書きましたが、そもそもカウンセリングは、病んだ人が受けるものではないのです。普通の人が自分のメンテナンスのために受けるものです。だから、「もう大丈夫」という考え方、それ自体が間違っているのです。

カウンセラーとして、コーチとしてたくさんの人の役に立ちたい。そういう思いがありながら、なぜだか前に進めない。ということは、自分では大丈夫と思っているけれど、本当は心に傷がある。だから、前に進めないだけなのです。前に進めないという状況は、「もっとメンテナンスが必要ですよ」という合図なのです。

でも、「カウンセリングを受けるって、またお金がかかる……」そう思う方も多いと思います。しかし、お金をかけなくてもいいのです。私は、とにかく一緒に勉強した仲間とカウンセリングの練習を何度も行ないました。カウンセラー役になり、クライアント役になり、時には、それを見て内容を分析したり……。

とにかく、何度も何度もカウンセリングを受けるし、実際にやらせてもらう。たくさんカウンセリングを受けると何がいいかというと、下手くそなカウンセリングを受けると、「こういう風に言われると答えられないな」とか、「この言い方はわかりにくいな」などなど、クライアントとして受けたからこそ、見えてくることがあるのです。

音楽の世界では、「百回の練習より一回のステージ」と言われている、と聞いたことがあります。カウンセリングやコーチングも同じです。とにかく、自分で受けて、自分でやってみる。これができないと、絶対にスキルアップできないのです。

しかし、こうして実践を積んでいきたいと思ったとしても、やはり最初はなかなか本物のお客さんは来てくれません。友達や知り合いにクライアント役になってもらってカウンセリングをするのと、実際のお客さんを取るのとではやはり大きな違いがあります。やはり本当のお客さんを取らないと実績は積めません。では、そんな時どうすればいいのでしょうか？

うちの協会の講座卒業生には、いつも話をしているのですが、これからスタートするという人には、まずYahoo!知恵袋で悩み相談に乗ってみる、ということにチャレンジしていただいています。

Yahoo!知恵袋とは、検索エンジンYahoo!が提供しているサービスで、悩みを抱える方が誰でも質問できるサービスです。そこをみると、たくさんの人がいろいろな質問をされています。

たとえば、今、Yahoo!知恵袋に入り、そこにある検索窓口で「人間関係」と検索すると、回答受付中２４６１件、解決済み87万７６２８件と出てきます。これは、これまでのYahoo!知恵袋で、「人間関係」というキーワードを使って相談した人の数になるのですが、これだけたくさんの人が人間関係ということに対して悩みを抱え、その解決方法を探っているのです。

ぜひ、一度見てもらいたいのですが、その一件一件、まさにカウンセリングに来るクライアントさんと同じなのです。真剣に悩み、そして、その解決方法を探しているのです。

このYahoo! 知恵袋は、ここに投稿された質問に、誰でも答えていいシステムになっています。だから、ここに自分が答えていくのです。すると、それを読んだ相談者の方から、また質問が来たり、感謝の言葉をいただいたりすることができるのです。そして、いくつか回答が揃った時、質問者がその中の「ベストアンサー」を決定する仕組みになっています。相談して、一番よかった回答者を「ベストアンサー」に選ぶのです。

本書の最初で書きましたが、お客さんに来てもらうには、自分のポジションを決める必要があると言いました。自分が、誰のどんな問題を解決できるのか？　それを明確にしていくのです。

ここでたとえば、自分が「人間関係」の専門家になると決めたら、まずは、この知恵袋の人間関係の質問にどんどん答えていくのです。たとえば、「恋愛」の専門家になりたかったら、恋愛の相談に答えていきます。

ちょっとイメージしてみてください。仮に人間関係の専門家になると決めて、知恵袋で300人の「人間関係」の悩みに回答したとしたら、そして、その300人の人の半分の人から自分の回答をベストアンサーに選んでもらえたとしたら……自信がつく気がしませんか？　堂々と「私は人間関係の悩み解決の専門家です」と答えられる気がしませんか？

ポジショニングを決定して、一日一人、知恵袋の質問に答えていく。最初は、やっぱり難しいと思います。でも、しだいにどのように答えたらお客さんの心に刺さるのか、喜んでもらえるのか、すぐにそれが見えてきます。そうなれば、一件回答するのなんて簡単です。そして、一年経ったら、もう300件の相談実績ができるのです。Yahoo 知恵袋は、回答者のプロフィールページを作ることが可能です。そこに自分のホームページアドレスを入れたり、プロフィール詳細を入れていくと、そこから実際のカウンセリング申し込みにつながることも考えられるのです。

いかがでしょうか？　練習相手がいなくて実践が積めない。そんな悩みはこれでもう解決です。ぜひ今日、まずは一件、相談に答えてみる。チャレンジしてみてください。

3 まずは副業カウンセラーから始めてみよう

さあ、ここまで読み進めていただき、いかがだったでしょうか？　何か感じたり思ったりしていることはありませんか？

ひょっとすると、今の仕事を辞めてカウンセラーやコーチとして生きていきたい。そんな思いが芽生えてきたかもしれません。

　私自身の話をすると、私も銀行員として働いている時、心理カウンセリングに出会い、カウンセラーになることを決めました。前にも書きましたが、私が心理カウンセラーの勉強を始めたのは銀行員として働いていた時。パニック障害になるという経験をし、そんな自分の弱い気持ちを治したい。そこから入りました。今考えると、弱いわけではないのですが。

　別に職業にしようとしてはじめたわけではありません。私のまわりにも同じような考えから心理カウンセラー養成講座を受講した人はたくさんいました。でも、自分が満たされていくと他の人にもそれを伝えていきたい、そう思うようになりました。だから、これを伝えたい、と心理カウンセラーとなることを決めたのです。

　しかし、こういうとかっこいいのですが、正直に言うと、「このまま銀行員として生きていくのが嫌だ！」という気持ちもあったのです。もっと自由に生きたい。もっと豊かになりたい。だから、自分で仕事を始めたい。これはカウンセリングに出会う前から思っていました。

　でも、銀行を辞めると言っても、別の会社で働くサラリーマンになったら結局同じです。自分で何か仕事をしたい。そんな想いから、何か自分でできることはないか？　そう考えたのです。お金もないし、店舗を構えた仕事をするのはリスクが高すぎる。だったら、やっぱり元手のかからない職業を……と。

そこで、思いついたのが、心理カウンセラーでした。カウンセラーなら仕入れが必要なわけではありません。固定費もやり方しだいでどうにでもなる。つまり、スタートしやすい仕事なのです。しかし反面、商品が目に見えるものではないので、理解してもらうのにパワーが必要です。これが、まあ簡単にはいかないのです。スタートできたとしても、これで売上げを上げていくと考えるとそう簡単にできるものではありませんでした。

今、私のところに「カウンセラーになりたい」と相談に来られる方がたくさんいらっしゃいます。そして、その多くが仕事を辞めると言われます。しかし私は、「絶対に辞めるな」と言います。なぜなら、会社を辞めると言われるほとんどの方が、まだ準備が整っていないからです。

会社を辞めたいという人の気持ちは、私にも本当によくわかります。私自身がずっとそう思っていたからです。でも、その状態で辞めてしまったら、本当にうまくいかない。だから、まずは、副業としてスタートさせるのです。副業としてスタートして、準備が整い時期がきたら独立すればいいのです。

こう言うと、「うちの会社は副業禁止なんです」そう言われる方が多いのですが、私も始めた頃は銀行員でしたから、当然副業禁止でした。しかし、そもそも、「銀行を辞めたい」という想いがありましたから、見つかって辞めろと言われたら辞めればいい。そんな気持ちでスタートしたのです。

しかし、とにかく今の会社が嫌なんだ。だから、早く辞めたいんです。辞めるためにカウンセラーになりたいんだ。そういう方も多いと思いますが、もしそういう気持ちから心理カウンセラーやコーチを目指すのであれば、ちょっと難しいかもしれません。そもそも、心理カウンセラーは、今の自分を受け入れ、今の自分でいいんだよ、とクライアントさんに伝えていく職業です。そのカウンセラーが、今の自分を否定していたのでは、クライアントが満足するはずがありません。

仕事は、そもそも「やりがいのある仕事」というパッケージがあって、それをやるから充実するというものではありません。どんな仕事でも、自分自身がやりがいを持って取り組むからこそ、満足できるようになるのです。

「いやいや待って！　今泉さんも銀行が嫌だったから辞めようと思ったんでしょう？」そんな声が聞こえて来そうですが、たしかにスタートはそうでした。しかし、この嫌な気持ちのままならきっと辞めてもうまくいきません。私は途中でそのことに気づきました。

そして、自分がなぜ嫌だと思っているのか、徹底的にカウンセリングやコーチングを受けました。そして、銀行員であることが楽しい。そう思えるようになったので、時期が来たと退職したのです。

結局、自分の心しだいなのです。その心を作ってしまえば、副業だろうと、独立開業だろうとうまくいきます。その心を作るためにも、今勤めている会社を辞めてはいけません。

会社を辞めてお金が入らなくなると、心なんて作れません。私は銀行員時代、お金がなくなって困っている人をたくさん見てきました。お金がなくて家族が困っているのに、自分が食べていくお金もないのに、他人の心を豊かにすることはできません。心ができると、お金もついてくるようになります。だから、まずは「副業カウンセラー」なのです。副業でスタートして、そこで、スキルと心を磨いていくのです。

副業だからできることってたくさんあるのです。たとえば、無料のモニターを取ってお客さんの声をもらう。これは、給料が入るからできることです。独立してお金に困ったら、無料で何かをするなんて、そんな時間は取れません。

これまで、集客の方法をいろいろ書いてきました。見込み客を集めることが大切だとも書きました。

ブログを書いて、メルマガを書いて自分のファンを増やしていく。これは、サラリーマンであってもできるはずです。だから、まずは今自分にできることに全力を尽くしてください。必ず何かあるはずです。

今、できないことは、仕事を辞めても、環境を変えてもできるようにはなりません。今、できることを、きちんと今できる人だけに、次のステージが待っているのです。

もちろん、人それぞれ状況は違うと思いますので、ひょっとするとすぐに辞めたほうがよい方がいらっしゃるかもしれません。もし、そうであっても、いったんこの話を頭に入れて、そして、どうするのか？　自分で判断してください。すべては自分が作る世界。自己責任の世界なのですから。

4 カウンセラー・コーチに必要な本当の集客術

いよいよ最後になりました。ここまで読み進めていただき、本当にありがとうございます。

どうやったらお客さんが来てくれるのか、これまでたくさん書いてきました。自分のポジショニングを明確にして見込み客を集めていく。そして、お客さんの役に立つ商品・サービスを作って提供する。それができれば、お客さんに来てもらえるようになります。

でも、そのやり方はいろいろとあるのです。その人その人によって、合う合わないもあります。ここまでいろいろ書いてきましたが、人によっては「そんなことやりたくない」そう思った方もいらっしゃるかもしれません。でも正直に言うと、やり方はどうでもいいのです。自分に合ったやり方でやればいい。それこそ、この本と同じような集客術の書籍はたくさんあります。自分のやりたい方法を見つけてください。

しかし、お客さんを集めるために一つだけ忘れてはいけないことがあるのです。それは、そもそもこの集客の方法は何のためにやるのか？　そこをきちんと理解しておくということです。さあ、少し考えてみてください。ここまでお伝えしてきた方法は、何のためにやるのでしょうか？

「それは、お客さんを集めるためでしょう」という声が聞こえてきそうですが、もちろんそうですが、お客さんに集まってもらうためには、一つだけ忘れてはいけないことがあるのです。どんな人にお客さんが集まってくるのか？

私にも信頼するメンターがいるのですが、その人は私にこう教えてくれました。

「どんなに売上げを上げたくても、自分が築き上げた信頼以上に売上げが上がることはない」お客さんが来てくれるかどうか、成功できるかどうかはすべてここなのです。

これまで書いてきた集客の方法、何のためにこれをやっていくのか？　それは、「信頼を得るため」です。ただこれだけのためなのです。信頼があれば売れるし、紹介も起こる。逆に、信頼のないものはどんなやり方でも売れないし、たとえ一瞬売れたとしても長くは続くことはありません。

無理やり売ったり、煽ったり、そんな売り方では絶対にうまくいくはずがないのです。とくに、私たちカウンセラー、コーチという仕事には形がありません。自分自身が商品になるわけですから、その自分が信頼されないような人では売れるはずがないのです。

では、どうしたら信頼が築けるのか、前の章にも一部書きましたが、信頼を得るために必要なことはたった二つです。それは、「接触頻度」と「信頼濃度」

接触頻度とは、目に留まる頻度、会う頻度ということです。

ザイオンス効果という言葉を聞いたことがありますか？　ザイオンス効果とは、アメリカの心理学者ロバート・ザイオンスが提唱した心理効果で、相手に何度も繰り返し接触することによって、しだいに好感度や評価などが高まっていくという効果です。

たとえば、何かを買おうとする時、どれにしようかな、と迷ったとします。その時、そこにテレビコマーシャルでいつも目にする商品があったとすると、ついついそれを選んでしまいます。これがザイオンス効果です。

もちろん、このザイオンス効果には嫌いなものを好きにさせる力はないので、好き嫌いを判断される前に、いかに接触頻度を上げるかということが大切になります。

そして、もうひとつの信頼濃度とは、周りから応援、支持される数ということです。自分が信頼する友達から「この人良いよ」と紹介されると、会ったことがない人でも信頼できますよね。だからこそ、自分の周りにいる人、今いるお客さんをいかに大切にできるかということが大切になります。

「接触頻度」と「信頼濃度」――今まで書いてきたこと、すべてが、この二つを高めるための方法です。だから、ブログを書いたりSNSを投稿したり、メルマガを書いたりいろいろなことをやっていくのです。

当たり前の話ですが、たとえば、カウンセラーの資格を取ったとします。でも、「このことは誰にも言わないでおこう」と内緒にしていたら、お客さんが来ることは絶対にありません。だから、それをいかに多くの人に伝えていくのか、が大切なのです。

でも、私は脱サラした頃、とにかく多くの人に伝えることが大切だと思い、毎日毎日ブログを書きました。当時はアメブロが流行っていたので、今のSNSを毎日投稿するのと同じような感覚だったと思います。

しかし、全然お客さんは来ませんでした。だから、これじゃあダメだと他の方法を探しました。新しい勉強をして、新しいスキルを身に着けることを心がけました。たくさんお金も使いました。しかし、何をやってもお客さんは来ませんでした。そうなると、自分ではダメだ。自分には価値がない……そんな思いが湧いてきて諦めたくなりました。

いかがでしょうか？　同じような経験をされた方もいらっしゃるのではないでしょうか？しかし、それは違うのです。先ほど書いたようにお客さんに来てもらうためには信頼を得る必要があります。そして、信頼を得るためには、接触頻度と信頼濃度が必要です。これがなければお客さんは来ないのです。

そう考えると、毎日ブログやSNSを投稿したとしても、それが見られていなければ、お客さんが来ることはないのです。もし、今、あなたがお客さんを集めようとしても、全然集まらない、そんな状況であったとしても、それはあなたに価値がないわけではありません。あなたのスキルが足りないわけでもないのです。ただ、まだ知ってもらえていない。という、ただそれだけの理由なのです。

5 最後に

私は銀行員時代、思ってもいなかったパニック障害を経験しました。そこから、カウンセラーになるという選択をしました。

では、なぜ私がパニック障害になったのか？　そこにはさまざまな原因があるのでしょうが、私は、パニック障害になったから、それまで考えたこともなかったカウンセラーという道を進むことになりました。カウンセラーを職業にしようなんて考える人は、ほとんどいないと思います。でも、私はそれに出会ってしまった。

私は今、私と同じようにカウンセラーやコーチとしてがんばりたいという人のサポートをさせていただいていますが、その人達を見ていると、それぞれにその道を選んだ理由があります。ということは、私たちがそれを選んだというよりも、選ばれたということなのではないかと思うのです。

それが、神様なのか何なのかはわかりませんが、私たちは選ばれた存在なのです。だから、諦めるわけにはいかないのです。だって、選ばれたということは、必ず私たちを必要としている人が待っているはずだからです。まだ出会っていないお客さんがたくさんいるはずなのです。でも、今は、まだ見つけてもらえていないだけなのです。

カウンセラーを目指す人と話をしていると、「集客が苦手です」という方が多いように感じます。なかなか、自分自身をアピールできない。でも、よく考えてみてください。私たちは選ばれた存在です。でも今、まだ私たちが無名だから、自分を必要とする人が自分を見つけられないで困っているのです。

集客とは、まだ私たちを見つけていない、私たちを待っている人に、「私はここにいますよ」と伝えていく作業なのです。だから苦手だなんて言っている暇はないのです。

そう言われても、まだ自信がなくて……という方もいらっしゃると思いますが、ちょっとイメージしてみてください。目の前に一万人の人がいたとします。もし、あなたが自分に自信を持てない状態だとしても、一万人いたら一人くらい助けられる気がしませんか？

もし、一万人いても一人も助けられそうにないとしたら、十万人いたら一人くらい助けられる気がしませんか？

仮に、一万人に一人助けられたとしたら、今、日本の人口は一億二千五百万人。ということは、一万人に一人助けても一万二千五百人があなたを待っているのです。もし、十万人に一人だとしても千二百五十人が今あなたを必要としているのです。

千二百五十人いたら、一日一人助けたとしても、全員助けるために4年必要です。1万人に一人救えると思えた人は、毎日一人助けても三十四年もかかるのです。だから一日も早く私たちを見つけてもらわなければなりません。

自信なんてなくてもいいのです。私たちがやることは、今の状態でお客さん見つけてもらえるように声をあげていくことなのです。それができれば、今の自分に必要なお客さんが来てくれます。

最初から難しい人なんて来ないのです。だから、安心して今日から集客を始めていきましょう。まだ見ぬあなたを待っている人が必ずいますから……。

著者略歴

今泉 智樹（いまいずみ ともき）

一般社団法人日本こころカウンセリング協会　代表理事
1968年佐賀県生まれ。高校、大学と体育会のラグビー部に所属し、1992年中央大学を卒業。同年、福岡を拠点とする地方銀行に入社。福岡、大阪、長崎等、さまざまな営業店を経験。また、独立行政法人への出向や銀行の組合執行部に専従として在籍していた経験もある。

しかし、銀行在職中に、自身がパニック障害を経験。それをきっかけにヒプノセラピーという心理療法に出会い、パニック障害を克服。その後、自分の経験を活かし心理カウンセラーとして活動するため18年勤務した銀行を退職。現在に至る。現在は、個人カウンセリングやカウンセラー養成講座、コーチング講座なども開催し、「気軽にカウンセリングを受けることができる日本を作る」を合言葉にカウンセラーの育成に奮闘中。

著書に『クライアントの信頼を深め　心を開かせる　カウンセリングの技術』（同文舘出版）がある。

趣味は、ゴルフとバイク。そして妻と一緒に御朱印集め。

無料でできるカウンセラー起業タイプ別診断と、メルマガ「心の取扱い説明書」は大人気!

■カウンセラー起業タイプ別診断
https://resast.jp/page/fast_answer/7866

■スキルアップアカデミー
https://resast.jp/conclusions/7157

■無料メルマガ「心の取扱い説明書」
https://resast.jp/subscribe/39868

■日本こころカウンセリング協会HP
https://japan-kokoro.com/

カウンセラーのための クライアントを集める仕組みづくり

2023 年 4 月 28 日　初版発行

著　者 —— 今泉　智樹

発行者 —— 中島　豊彦

発行所 —— 同文舘出版株式会社

東京都千代田区神田神保町 1-41　〒 101-0051
電話　営業 03（3294）1801　編集 03（3294）1802
振替 00100-8-42935　http://www.dobunkan.co.jp

ISBN978-4-495-54136-1

印刷／製本：萩原印刷　Printed in Japan 2023